KB248978

평강의 주께서 친히
때마다 일마다
평강을 주시기를 기도하며
특별히 _____ 님께
이 소중한 책을 드립니다.

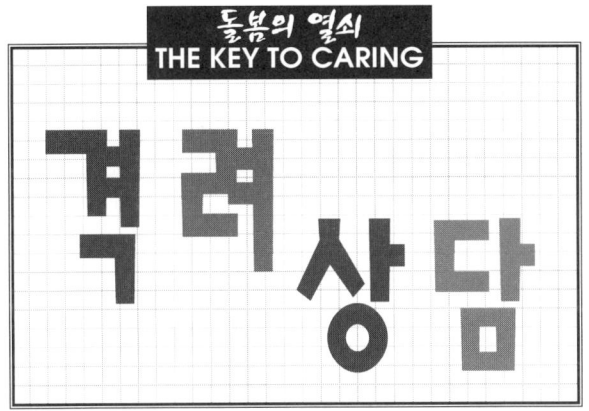

돌봄의 열쇠
THE KEY TO CARING

격려상담

로렌스 J. 크랩 · 댄 B. 앨린더 / 공저
오현미 · 이용복 / 공역

나침반
출판사

종합선교 – 나침반 출판사 / 그리스도인들의 성장을 돕습니다.

1110 - 6116 서울 · 광화문 우체국 사서함 1641호 ☎(02)2279-6321~3/주문처(02)2606-6012~4

● ● ●

COMPASS HOUSE PUBLISHERS

A DIVISION OF NACHIMVAN (=COMPASS) MINISTRIES
KWANGHWAMOON P. O. BOX 1641, SEOUL 110-616, KOREA

차　례

머리말

다른 사람을 격려한다는 것은 중요한 일이다. 우리는 다른 사람을 격려하는 일에 깊은 주의를 기울여야 마땅하다. 이는 성경이 우리에게 그와 같은 일에 대하여 생각하도록 직접적으로 명령하기 때문만이 아니라, 그 일이 그리스도인의 교제에 있어서 독특한 가치를 지니기 때문이다. 어떤 사람이든지 서로 잘 어울리는 사람들끼리 모이면 서로간에 즐거운 시간을 보낼 수 있다. 그러나, 그리스도인들의 경우에 있어서 그들은 자기들이 함께 시간을 보낼 때에는 서로에게 영원히 중대한 영향을 끼칠 수 있다는 것을 알기 때문에 그들의 교제를 한층 더 풍요롭게 할 수 있다.

히브리서는 우리에게 "서로 격려하라"(역자 주-한글 개역성경에는 "권하라"로 번역됨)고 말한다. 죄를 져주실 분으로서의 그리스도의 과거 사역과 제사장으로서의 그분의 현재 사역이 우리에게 가져다주는 독특한 권리들을 살펴본 후에 히브리서 기자(記者)는 세 가지 사실들에 대해 생각해 볼 것을 촉구하고 있다(10 : 19 - 25).

첫째, 우리는 우리가 그리스도 안에서 절대적으로 용납되었다는 사실을 분명히 의식(意識)하면서 하나님께 나아가야 한다.

둘째, 하나님은 신실한 분이시기 때문에 우리가 천국으로 영원히 영접될 것임을 믿는 소망을 굳게 붙들어야 한다.

세째, 우리가 어떻게 하면 서로를 격려할 수 있는가에 대하여 진지하게 생각해야 한다.

히브리서 3장 12 - 14절은, 그리스도를 따르고자 하는 우리의 결심이 순종의 좁은 길에 놓여 있는 어려움들로 인해서 약화될 우려가 있으므로, 우리는 서로를 격려해야 한다는 사실을 상기시켜 준다. 우리는 우리가 주님과 좀더 친밀히 동행할 수 있도록 서로에게 자극을 주되, 서로를 사랑하고 선(善)을 행함으로써 그리스도 안에서의 우리의 지위에 속한 진리에 따라서 온전한 생활을 하도록 서로를 격려해야 한다는 것이 이 두 성경 구절들(히브리서 10 : 19 – 25 / 3 : 12 – 14)의 사상이라고 생각된다.

이 책은 "서로 돌아보아 사랑과 선행을 격려하며 모이기를 폐하는 어떤 사람들의 습관과 같이 하지 말고 오직 권하여 그 날이 가까움을 볼 수록 더욱 그리하자"(히브리서 10 : 24, 25)는 권고의 말씀에 순종하려 힘쓰는 노력의 산물이다.

이전에 쓴 책들에서 나는 상담(counseling)의 사역이 교회가 할 일임을 보여 주기 위해 노력했다. 각 개교회들(local churches)은 어려움을 겪고 있는 사람들이 다시 정상적으로 예배를 드릴 수 있도록, 또한 그들이 효과적으로 봉사하는 삶을 살 수 있도록 도와 주어야 하는 책임을 떠맡을 수 있고, 또한 떠맡아야 한다. 이러한 책임을 인식하고 상담을 자신들의 사역들 중의 하나로 삼으려고 노력하는 교회들이 점점 많아지는 것을 보기란 참으로 흐뭇한 일이다.

상담의 사역(a counseling ministry)을 더욱 발전시키는 데 있어서 교회는 교인들이 "남을 격려하는 자들"(encouragers)이 되도록 돕는 일에 우선적으로 관심을 기울여야 한다. 개교회에 있어서 상담이 하나의 실재(實在)가 되도록 만드는 첫단계는 모든 헌신적인 교인들을 훈련시켜서 그들로 하여금 "격려를 통한 상담"을 수행할 줄 아는 요령들을 터득하게끔 만드는 것이다.

격려(encouragement)에 대해서 간단히 정의하자면, "격려란 사람들로 하여금 어려운 삶 속에서도 보다 훌륭한 그리스도인이 되기를 갈망하도록 만들기 위해 건네 주는 친절한 말(언어)"이다. 하나님의 은혜로써, 나는 당신의 삶에 이러한 영향을 끼칠 수 있으며, 당신도 또한 나의 삶에 이러한 영향을 끼칠 수 있다. 우리는 어떻게 하면 서로를 위하여 이런 중요한 일을 수행할 수 있는가를 정확히 이해하는 일에 우리의 정신적인 에너지를 쏟아 부어야 한다.

1 서 론

사람들을 알면 알수록, 또한 그들의 필요가 무엇인지를 이해하면 할수록 나는 개교회가 그들의 필요를 채워 주는 것이 하나님의 독특한 계획임을 더욱더 확신하게 된다. 그렇기 때문에, 나의 확신이 커갈수록 나의 좌절 역시 커간다.

아주 무감각하게 자기 중심적인 사람이 아니라면 누구나 사람들의 필요가 무엇인지를 적어도 어느 정도는 명확히 알 수 있다. 그리스도와의 관계를 통해 치료의 가능성이 있다는 것을 얼핏 생각해 보아도 사람들이 지닌 깊은 상처가 실제로 치료될 수 있다는 것을 알 수 있다.

그러나, 여전히 우리는 별로 중요하지 않은 일들에 주의를 기울이면서도 실제로 일어날 수 있는 일들은 보지 못한다. 그리스도의 거룩하심과 사랑이 가장 잘 증명되어야 할 곳인 교회가, 왜 그것이 존속하고 성장해야 하는가에 대한 이유들은 제대로 이해하지 못한 채, 단지 그 자체를 존속시키기만을 추구하는 하나의 조직체로 변하는 일이 너무나 빈번하다.

더 좋은 시설이나 더 많은 프로그램들 혹은 더 많은 교회 직원들에 대해 신경을 쓰느라고 하나님이나 다른 이들과 관계를 맺고 사는 삶이 가져다주는 아주 중요한 활력이 뒷전으로 밀려난다면, 조용히 우리를 성숙시키며 우리의 영혼에 생기를 불어넣어 주는 그리스도 안에서의 삶은 마비 상태에 빠지게 된다. 그리스도인의 삶은, 지도자의 인격이나 성격에 따라서 예수를 위한 단합 대회로 흘러버리든지, 아니면 짜증스러운 일련의 금지 사항들에 묶이든지 하는 위험에 처해 있다.

그리스도인이라는 몸 안에 있는 "관계"(relationship)라고 하는 근육은 우리가 그것을 사용하지 않을 때에는 위축되고 마는데, 그렇게 되면 결국 교회는 축 늘어지게 되어 버린다. 그럴 경우, 교회 참석자의 수는 줄어들고, 주일학교에서 가르치거나 혹은 선교부에서 봉사하겠다는 자원자들의 발걸음은 뜸해지며, 그리스도의 몸 전체에는 무관심의 풍조가 눈에 띄지 않게, 그러나 강하게 만연되어 갈 것이다.

교회의 지도자들은 교회의 생명력이 하나님과의 경건한 관계나 서로들 간의 사랑스런 교제에 있음을 알아차리지 못하고, 오히려 문제의 원인이 헌신이 부족하다거나 지루한 예배 또는 반항적인 태도들에 있다고 진단할지도 모른다. 물론, 이런 문제들이 실제로 존재할 수 있으며 또한 그에 대한 대응책이 요구될 수 있는 것은 사실이지만, 그러나 그것들이 핵심적인 문제가 되지는 않을 것이다.

이렇게 문제의 원인을 잘못 진단한 교회는 종종 영혼을 사로잡을 정도의 흥분 상태를 만들어내어 지속시킴으로써, 또한 인위적인 열심의 병폐를 알아차리지 못하는 교인들에게 보다 많은 헌신을 제도적으로 강요함으로써 문제를 해결하려 한다.

교회의 예배들은 가족의 모임보다는 유명 인사들의 연회에나 더 어울리는 세련되고 형식적인 직업주의(professionalism)의 냄새를 풍기기 시작할 수도 있다. 교인들 중 낙오된 자들은 교회 생활이란 마치 지독한 훈육 하사관이 지도하는 지루한 신병 훈련소의 생활과도 같다는 느낌을 주는 권면의 말을 귀가 따갑도록 들으면서 다시금 교회로 불리워질 수도 있다. 그러나, 이런 모든 수단들을 동원한다 해도 교인들의 갈망을 만족시켜 주며 생명을 성장시킬 수 있는 교회의 잠재력은 점점 감소된다. 예배는 형식적이 되고 교육은 무기력하다.

어떻게 하면 우리는 교회를 제대로 보는 시각을 되찾을 수 있는가? 또한 사랑의 교제와 상호간의 봉사 안에서 하나님과 및 남들과 관계를 맺는 일에 다시금 우리의 주의를 되돌리기 위해서 우리는 무엇을 할 수 있는가? 이런 일은 우리 각자가 자신의 시각은 분명하고 다른 이들의 시각은 흐리다고 생각하는 경향에 빠져 있기 때문에 특별히 더 어려운 일이다. 어느 목회자도 자기 교회가 하나님과 이웃을 사랑하는 일에 겉돌고 있지 않다고 말할 수는 없을 것이다.

어떤 목회자는 강해 설교를 강조하는 것이 성경적인 진리를 제시해 주기 때문에 교인들은 하나님의 속성과 그들의 문제들에 관심을 기울일 것이라고 주장한다(나도 그 생각이 옳다고 생각한다). 또한 자기의 교회는 무엇보다도 한 몸을 이루는 생활을 목표로 한다고 주장하는 목회자도 있을 것이다. 또 어떤 목회자는 시설 확장을 통해서 더 많은 사람들에게 하나님의 사랑을 전할 수 있다는 가능성에 대해 열을 올리며 말할 것인데, 그런 목회자는 자신의 건축 계획이 교회의 존재 목적과 모순되지 않는다고 여길 것이다.

교회 생활은 다양한 단계들을 거치는 것 같다. 천막에서 부흥회를 하며 톱밥 위에 무릎 꿇고 회심하던 시대는 교회의 일을 하는 데 있어서 대부분의 경우에, 보다 고정된(그리고 답답한?) 접근 방법으로 크게 기울어졌다.

어떤 무리들의 경우에 있어서는 감정에 호소하여 재헌신을 촉구하던 식의 방법이 내용이 충실한 교육을 보다 착실하게 강조하는 것으로 대체되어 왔다. 그러나 이런 경우, 어떤 이들에게 있어서는 이런 방식의 교육이 냉냉한 정통주의에 빠지고 마는 것 같기도 하다.* 그래서 이로 인한 폐해를 아는 이들은 죽은 교회에 『동참의 모임』(sharing groups) 같은 혁신적인 방법을 통하여 새로운 생명을 불어넣으려고 애쓴다. 이 『동참의 모임』은 거짓된 만족의 가면을 벗어버리고 사람들의 내면에서 거세게 들끓고 있는 문제들을 공개하는 방법을 시도한다. 이 방법은 자신을 공개하고 서로간에 확고한 격려의 말을 주고받는 행동을 통하여 서로간의 관계를 확실히 세워나가자는 방법이다.

그러나 여기에 비판적인 사람들은, 상호간의 관계에 중점을 두는 방법은 교회의 기초를 "메마른" 진리로부터 흥분에 찬 체험으로 옮겨놓을 우려가 있다고 말한다. 그럴 경우, 성경은 신앙과 행위를 위한 권위의 역할을 하기보다는 오히려 열정적인 교제를 위한 자극제가 되어버릴 수가 있다.

주석과 성구사전 들을 준비한 사람들이 참석하는 성경 연구 그룹은 종종 사람들이 자신들의 문제와 체험과 견해들을 가지고 오거나 때

---

* 성경 교육이 냉냉한 정통주의에 빠질 경우, 그런 교육은 십중 팔구 진리를 힘있게 증거하는 것이 아니라, 단지 하나의 학술적인 활동에 지나지 않는 것이 되고 만다.

로는 성경 연구도 없이 오는 "기도와 동참의 모임"으로 변해 왔다. 그럴 경우, 어떤 사람의 신앙을 나누는 것 (sharing)은 어떤 사람의 신앙을 아는 것 (knowing) 보다 더 중요한 것이 될 수도 있다.

상호간의 관계를 세우는 데에 기초가 되는 진리보다도 그 관계 자체에 더욱 신경을 쓰는 교제는 큰 위험을 무릅쓰는 것이다. 분열, 피상성 (皮相性) 그리고 권위의 근거가 하나님의 말씀으로부터 인간의 경험으로 바뀌는 것은 올바르지 못한 시각(視角)을 가져온다. 그렇다면 어떤 방법이 옳은 것인가?

모든 대안에는 각기 그 나름대로의 단점들이 있게 마련이다. 구식의 부흥 방법은 어떤 이들이 보기에는 문화적으로 낙후된 것으로 보이며, 강해 설교는 깊이가 없는 대중에게 아무런 영향을 미치지 못하는 채 그들의 머리 위를 스칠 뿐이며, 서로가 한 몸임을 강조하는 방법 (a body -life emphasis)은 사람들을 서로간에 가까이 이끌어서 하나로 뭉치게 하려고 시도하지만, 그것은 서로를 불편하게 만들기 때문에 긴장과 불화가 노출될 수 있다.

많은 사람들은 문제의 해결을 대형 교회에서 찾으려 했다. 대형 교회 (Big Church)는 문화적으로 유행하고 있으며, 성공의 조건을 갖춘 대중에게 호응을 얻으며, 각자의 취향에 따라 대중 속에 자신을 묻어서 감출 수도 있고 혹은 어떤 그룹에 속할 수도 있는 기회를 제공한다.

주로 양적 (量的)인 면에서 성장을 정의(定義)하는 교회 성장 전문가들은, 각 개교회 지도자들이 그들의 교회 성장 기술을 연마하고 단체에게 매력을 느끼게 하는 힘을 기르도록 도움을 주고 있다. 산업(産業) 분야에서 계발되고 실험된 바 있는 조직적 전략을 사용함으로써 그들은 분투하는 교회의 교제를 성공적인 기업체로 변형시키는데, 이것은 가치가 의심스러운 하나의 성취라 할 수 있다. 그들은 "큰 것을 생각하라. 그리하면 당신은 크게 될 것이다"라고 말한다.

그리고, 각기 나름대로 특수한 관심을 가지고 있는 사람들(독신자들, 노년층, 젊은 부부들, 선교에 관심을 둔 사람들)을 끌어들일 수 있는 다양한 프로그램들, 보다 향상된 음악 연주 (이 경우, 나는 곡조가 그다지 고르지 못한 소프라노에게 그녀의 재질을 다시 평가해 보도록 부탁하는 것이 고작일 뿐이다) 그리고 "보다 적절하고 실제적인 설교"

(이것은 주일 아침 설교를 영적인 면에서나 친교적인 면에서 교회 생활의 세련된 중심점으로 만든다), 이런 것들이 대형 교회의 몇 가지 특징들에 속한다.

한편, 수수한 건물에서 소규모로 교제를 나누면서 이런 현상들을 지켜보는 이들도 많이 있는데, 그들은 잘 정의(定義)된 일련의 독특한 신조들을 열렬히 고수하면서 최근에 유행하는 교회의 풍조에 휘말려들지 않으려고 완강히 저항한다. 그러나, 이런 신실한 그리스도인들이 신앙을 충실히 계속 지켜나가는 중에 그들의 확신은 자기 만족으로 굳어지기 일쑤며, 교리적인 정통주의는 독단적인 전통주의로 쇠퇴하곤 한다. 정도(正道)는 좁고 종종 오해를 받기 때문에, "교회의 성장과 확장의 결여는 곧 교회학적 순수성에 대한 증거"로 간주되는 일이 무의식적으로, 그러나 자랑스럽게 여겨지는 가운데 일어날 수가 있다.

사람들에게 중점을 두는 일

우리는 무엇을 해야 하는가? 이 문제에 대해 나는 내 나름대로, 당신은 당신 나름대로의 견해를 가지고 있다. 어떤 이들은 복음주의적 캠페인(campaigns)으로 돌아가기를 원하고, 또 어떤 이들은 우리를 젖먹는 단계에서 고기를 먹는 단계로 올려놓을 수 있는 주해 설교를 매우 소중히 여기며, 또다른 이들은 서로간의 관계를 강조하면서 몸의 생명을 함께 나누는 친교에서 해답을 찾는다. 그리고 또다른 이들은 크신 하나님(a Big God)이 큰 일을 하실 수 있다는 신념 하에 여전히 대형 교회를 꿈꾸고 있다.

우리가 어떤 방향으로 기울어지든 간에 한 가지 분명한 사실이 있다. 교회 생활이란 그것이 소규모의 그룹으로든 대형 교회당에서든, 찬양을 위한 모임으로든 성경 공부 그룹으로든, 복음주의적 캠페인에 따라서든 예배 참석으로든 간에, "사람들이 함께 모이고 서로 접촉을 갖는 것"을 의미한다. 우리의 교회 생활에 있어서의 어떤 강조점이 "그리스도께서 우리의 원천(resources)이 되심을 더 잘 이해하며 어려운 사람들을 위해 더욱 효과적으로 일하고자 하는" 노력과 전혀 상충된다면 교회는 그 갈 길을 잃고 말게 된다. 교회는 사람들(people), 그것도 하나님의 사람들(God's people)이다.

주해 설교, 구령(救靈)을 위한 축호 방문, 소그룹의 친교, 모금을 위
한 캠페인 및 성가 연습, 이 모든 것들은 교회의 주요 목적을 달성하는
데에 있어서 적절한, 심지어는 본질적인 기능을 감당한다. 그러나, 만일
이런 활동들이나 혹은 그밖의 어떤 활동들일지라도 그것들이 우리를 하
나님께로 더욱 가까이 이끌며, 모든 사람들을 제자로 삼는 수단으로서
의식적 (意識的)으로나 지속적으로 간주되지 않는다면, 우리는 그러한 활
동들에 활기를 주는 핵심인 우리의 교회를 소모시키고 있는 것이다.

우리의 교회는, 가족을 물질적으로 좀더 풍족하게 부양하기 위하
여 열심히 일하느라고 정작 정서적인 면에서 그들을 굶어 죽게 만드는 부
자와 같을 수 있다. 교회가 외견상 성공한 모습을 띠면서 열광적으로 지
속되어가는 동안, 교인들 중 많은 사람들은 자신들의 삶을 결합시키려고
발버둥치는 일이 있을 수 있다. 이것은 얼마나 슬픈 일인가!

사람들은 고통당하고 쉼을 얻지 못하고 화가 나고 절망하고 공허
를 느끼고 근심한다. 그들에게는 하나님을 아는 일, 그리고 하나님과 그
백성들과 더불어 관계를 맺고 사는 것이 무엇을 의미하는지를 배우는 일
이 필요하다. 우리의 교회는 이러한 필요성을 충족시켜 줄 수 있는, 아직
사용되지 않은 능력의 원천을 갖고 있다.

우리는 아무런 변화없이 여느 때처럼 종래의 일을 그저 계속하기
만 해서는 안 된다. 각 지교회들은 고통받는 사람들이 다시금 평안하고
목적이 있는 생활들을 영위하도록 만들어 주어야 할 책임을 지고 있다.
이는 우리를 주시하는 세상에게 그러한 생활들로 하나님의 구속의 능력
을 증거할 수가 있기 때문이다.

전도의 노력을 계속하고, 교육을 강화하고, 친교의 기회를 보다 넓
히고, 필요한 시설을 갖추고 교회 프로그램을 풍부히하고, 확신들을 존
중해 주라. 그러나, 이 모든 일들이 이루어진다 해도 두 가지 ˙핵심적인
진리들을 분명히 명심하라.

1. 사람들은 우리가 생각하는 것보다 더 깊은 상처를 입으며 산다.
   자기의 몸 안에 암이 발생한 것을 모르는 사람의 경우처럼 그
   것은 때때로 그들 자신들이 생각하는 것보다 더 깊은 상처일
   수 있다.

2. 그리스도와의 관계는 이런 상처를 현재에 있어서는 실제로, 영
원에 있어서는 완벽하게 고치는 일에 필수불가결하고도 독특한
자원을 공급해 준다.

이 책은 이 두 사실들로부터 그 중요성을 인정받는, 『교회 생활의
핵심적 요소』에 관하여 쓴 것이다. 모든 교회들은, 그것들의 독특한 강
조점이 무엇이든지 간에, 이 핵심적 요소를 필요로 한다. 이 핵심적 요
소는 그리스도를 아는 일에 도움을 주는 분위기를 만들어내기 때문에 우
리의 삶을 변화시킨다. 그러나, 이것이 결여된 때는 분위기가 너무 어두
워져서 하나님의 영광의 빛은 그 어두움을 뚫고 나올 수 없다. 이 책은
격려에 관해 쓴 것이다.

그리스도인이라면 누구나 그의 은사(gift)나 교육 정도에 관계없
이 형제와 자매 들을 격려하라는 요청을 받고 있다. 우리 개개의 회중들
이 어떤 방향으로 움직이고 있든지 간에, 교회 생활이란 다른 그리스도
인들과 더불어 함께 시간을 보내는 일을 포함하기 마련이다. 하나님의 백
성으로서 함께 모일 때 우리는 서로를 격려해야 하며, 또한 다른 이들이
그리스도를 더욱 깊이 알고 또한 그리스도와 및 남들과의 관계에 더욱
헌신하도록 자극을 줄 수 있게 말하며 행해야 한다.

그리스도의 구속의 사랑이 충성되이 선포되는, 성경을 믿는 모든
교회들은 서로간의 격려를 강조하는 교회로서 이름이 나야 한다.

서로를 격려한다는 것은 무엇을 의미하는가? 격려는 어떻게 역사
(役事)하는가? 격려란 그토록 중요한 것인가? 격려가 가져오는 효과는
무엇인가? 내가 다른 사람을 격려할 수 있기 위해서는 나의 삶이 어떤
것이 되어야 하는가? 격려는 교회 생활과 어떻게 조화되는가? 격려와
일상적인 친절은 어떻게 구분되는가? 격려는 단순히 일시적인 도움만을
제공하는 것이 아니라 진실로 다른 사람의 삶 깊숙한 곳까지 파고 들어갈
수 있는가? 이 책은 이런 질문들에 대하여 답변한다.

제 1 부
격려에 대한 이해

2
시기 적절한 말의 위력

감정적인 혼란에 따른 증상들이 때로는 단순히 환자에게 어떤 말들을 해 줌으로써 경감될 수 있다는 사실을 알았을 때, 지그문트 프로이트(Sigmund Freud)는 놀라움과 호기심을 느꼈다. 수 년간의 의학적 훈련은 그로 하여금 사람들을 단지 생물학적이고 화학적인 존재로 생각하게 만들었다. 그래서 우울, 불안 및 공포증 같은 문제들은 오직 의약적 치료에 의해서만 극복될 수 있는 신체적인 혼란에서 기인함에 틀림없다고 그는 결론지었다.

만일 프로이드가 잠언을 연구하는 데 시간을 보냈더라면, 그는 단순한 말이 그토록 큰 효과를 가져온다는 사실을 알았다고 해도 그렇게 놀라지는 않았을 것이다. 영감(靈感)을 받은 기자(記者)가 말의 위력에 대해 쓴 글에 귀를 기울여 보자.

"죽고 사는 것이 혀의 권세에 달렸나니"(잠언 18 : 21).
"선한 말은 그것(근심하는 마음)을 즐겁게 하느니라"(잠언 12 : 25).
"온량한 혀는 곧 생명 나무라"(잠언 15 : 4).
"선한 말은…마음에 달고 뼈에 양약이 되느니라"(잠언 16 : 24).
"경우에 합당한 말은 아로새긴 은쟁반에 금사과니라"(잠언 25 : 11).

또한, 때에 맞지 않게 즐거운 말을 하는 자는 "추운 날에 옷을 벗는"(잠언 25 : 20) 자와 같다고 성경은 말한다.

말(words)은 중요하다. 말에는 참으로 위력이 있다. 비록 우리 몸의 작은 부분에 지나지 않음에도 불구하고, 혀가 인간 실존(實存)의 모든 방향을 결정지을 수 있는 위력을 가지고 있다고 야고보는 우리에 게 경고한다(야고보서 3:5-6).

하나님은 우리가 함께 모일 때에는 언제나 서로를 격려하라고 교훈하시는데, 그가 교훈하시는 방법들 중에는 특별한 목적을 위하여 말의 힘을 이용하는 "권고"가 포함된다. 물론, 친절한 말을 통해서 뿐아니라 친구들에게 음식을 나눠 주거나 병원의 환자들을 방문하는 것 혹은 새신자들을 저녁 식사에 초대하는 등의 친절한 행위들을 통해서 서로를 격려하는 방법들은 많이 있다.

그러나, 말에는 남에게 심한 피해나 혹은 큰 유익을 끼칠 수 있는 힘이 있기 때문에, 말을 통한 격려(verbal encouragement)는 특별히 우리의 고려의 대상이 되는 중요한 논제(論題)가 된다. 따라서, 이 책의 주제는 다른 사람에게 더욱 경건해지도록 의미 심장한 영향을 끼치려는 의도에서 세심하게 선택한 말들을 사용하는, 격려에 대한 것이다.

서로 격려할 것을 우리에게 교훈하는 히브리서의 핵심적 구절이 『격려』를 나타내기 위해 사용하는 단어는 문자적으로는 "분발시키다(stir up), 자극하다(provoke), 어떤 일정한 방향으로 사람들을 충동시키다"는 뜻이다. 『말로 격려한다는 것』은, 여행 중인 어떤 사람과 동행하면서 장애와 피곤에도 불구하고 그가 계속 여행할 수 있도록 그에게 격려의 말을 해 준다는 개념을 포함한다.

나는 육상 경기 대회에서 내 아들이 2마일 달리기의 마지막 직선 코오스를 힘을 다해 뛰어올 것을 기다리며 결승선에 서 있던 적이 여러 번 있었음을 기억한다. 있는 힘을 다해 뛰느라고 기진한 상태에서 때로는 여기저기서 오는 통증이나 경련에 시달려야 했기 때문에 그는 결승선을 50미터 남겨 놓고 그만 포기하고 싶은 유혹을 아주 강하게 받았다.

우리 팀의 주자(走者)들의 모습이 눈에 띄기 시작하자, 올챙이 배를 하고서 한 줄로 늘어서 있던 아버지들은 "힘을 내라! 얼마 안 남았다. 힘을 내라, 힘을 내! 다리를 힘차게 뻗어라! 너는 해낼 수 있어!" 라고 소치치곤 했다. 이 때, 이런 소리를 들은 젊은 선수들은 이를 악물고 얼굴을 찡그리며 눈을 가늘게 뜨고 다리의 힘을 새롭게 하여 결승선까지 달려가곤 했다.

이제까지 나는 마지막 직선 코오스를 뛰고 있는 아들에게 "지쳤구나, 그만둬라. 넌 꼴찌에서 세번째야. 아마 달리기는 네게 맞는 운동이 아닌 것 같다"라고 말하는 아버지를 한 번도 본 적이 없다. 그러나, 나는 어떤 그리스도인이 처음으로 주일학교 수업을 치르고 나오는 한 젊은이에게 "이 반 담임 교사가 언제 돌아옵니까?"라고 말하는 것을 우연히 들은 적이 있다. 정말로, 그 말들 사이에는 별 다를 바가 없다.

어떤 부모들은 아들이 헐떡거리며 지나가는 동안 눈에 띄는 자리에 조용히 서 있었다. 소년은 흘끗 바라보았다가 미소를 띤 부모를 발견하고는 힘을 내어 내달렸다. 때때로 말의 위력은 언제 그 말을 하느냐에 따라 달라진다. "아주 훌륭해 보이더구나"와 같은 말은 어머니와 아버지의 그을린 얼굴로 기쁨에 들떠 있는 아들에게 환영의 냉수 그릇을 건네주는 특별한 순간을 위한 적절한 표현이다. "때에 맞는 말이 얼마나 아름다운고"(잠언 25 : 23).

깊이가 없는 말

자기의 말이 남들에게 어떤 영향을 미치는가에 대해 전혀 생각지 않고 사는 사람들이 많은 것 같다. 다른 문화권에서 온 한 방문자가 자신이 어느 북미(北美) 교회에서 처음 몇 달 동안 겪었던 극심한 실망에 대하여 나에게 말한 적이 있다.

그를 교인들에게 정중하게 소개한 친교 형식의 저녁 예배가 끝난 후에, 많은 사람들이 일부러 그에게 와서 인사를 했다. 그들 중 몇몇 사람들은 인사말을 한 다음에 "언젠가 곧 당신을 저녁 식사에 모시고 싶습니다"라는 일종의 초대의 말을 하였다. 그 젊은이는 기뻐했다.

그 다음 주에 그는 전화벨이 울리기를 갈망하면서 시간을 보냈는데, 때로는 자기가 고대하는 전화를 놓치지 않기 위하여 퇴근 후에는 곧장 집으로 달려가곤 했다. 그러나, 전화가 걸려 온 것은 석달이 지난 후였다. 미국 문화에 적응하기 위해서, 자신은 많은 말들이 의미없이 표현되고 있다는 사실을 배우지 않으면 안 되었다고 그는 나에게 말했다.

우리의 정중한 인사들, "만나서 반갑습니다" 혹은 "언제 한번 모

입시다" 혹은 "안녕하세요? 정말이지 너무 오랜만에 얘기를 나누는 것
같군요" 등의 많은 말들은 "가까이 하지 마십시오. 나는 지금 아주 정중
할 뿐이오"라는 뜻을 듣기 좋은 우아한 말로 표현하는 것에 지나지 않는
다. 우리의 사회적인 활동이나 업무상의 행동이 그 표현과 의미에 있어
서 전혀 다를 경우가 자주 있다는 것을 알아차린다면, 흥미를 느끼는 동
시에 또한 적지 않게 당황할 것이다.

비행기가 착륙하여 정지한 후에 줄지어 나오면서 옆에 서 있는 여
객기 승무원들 곁을 지나치게 될 때면 나는 약간 어색함을 느끼지 않을
수 없다. 그들이 나를 보고 웃으며 "당신을 여객기로 모신 것을 기쁘게
생각합니다"라고 말할 때 나는 그들을 잠깐 바라보며 미소를 지어야 한
다는 의무감을 느낀다. 이런 식의 인사 교환은 아주 형식적인 것처럼 생
각된다.

여객기로 여행을 할 때면 나는 스튜어디스에게 무엇을 부탁하는 일
이 아주 드물다. 내가 요구하는 것은 제대로 작동을 하는 독서용 조명 장
치와 승객이 담배를 피우지 않는 사람들이기를 바라는 것이 전부이다. 어
쩌면 내가 여객기 입구로 들어갈 때에, "손님을 저희 비행기로 모시게
됨을 기쁘게 생각합니다"라는 말이 진심에서 우러나오는 말일 수도 있을
것이다. 그러나, 남이 요청한 것도 아닌데 스스로 나서서 주위의 여러 사
람들에게 말을 걸고, 빈번히 자기의 칵테일 잔을 채워 달라고 요구해 대
는 버릇이 있는 미식가가 여객기 입구로 비틀거리며 들어올 때가 있다.
그럴 때에 나는 스튜어디스의 빈틈 없는 미소와 "손님을 저희 여객기로
모시게 됨을 기쁘게 생각합니다"라는 인사말이 과연 그녀의 진심을 반영
하는 것인가에 대해서 의구심이 솟기도 한다.

어떤 상황에 맞추기 위해서는 진심에서 우러나오지 않는 말이라 할
지라도 해야 하는 경우들이 일상 생활 가운데는 많이 있으리라고 본다.
그러나, 나는 교회에서만큼은 이런 일들이 있어서는 안 된다고 생각한다.
그리스도인들 사이의 교제가 여객기에서 내리는 승객들에 대한 항공사
승무원들의 인사말 정도의 깊이밖에 되지 않는 경우가 자주 있지 않는가
하는 생각이 든다. 종종 우리의 대화는 사랑과 관심의 뜻을 전하는 것처
럼 보일 뿐인, 공허한 말들의 교환에 불과하지는 않는가?

물론 사교적인 한담이나 정중한 친절 그 자체들에는 아무런 잘못

된 것이 없다. 나는 결코 우리의 모든 말이 성직자의 제의(祭衣)로 단정하게 쇠워지거나 또는 오르간의 음색 같은 목소리로 말해야 한다고 주장하는 것이 아니다. 문제의 초점은 "무거운 말 대(對) 가벼운 말"이 아니라, 오히려 "신실한 말 대 신실하지 않은 말" 혹은 "늘 얄팍한 말 대 의미깊은 말"이다. 신실하지 못한 말, 그리고 깊이가 없음을 금방 알아차릴 수 있는 말은 철저히 잘못된 것이다. 이런 말들은 그 누구에게도 격려가 될 수 없다.

예레미야 선지자는 당시의 종교 지도자들이 하나님의 백성의 상처를 피상적으로만 치료해 줄 뿐이라고 고발하였다(예레미야 6 : 14). 수술해서 고치지 않으면 환자의 생명을 위협할 만한 병을 진단해 낸 내과 의사가 다량의 물약과 하루 두 알의 아스피린으로 처방을 끝낸다면, 그는 부당한 치료에 대한 책임을 져야 할 것이다. 이스라엘의 제사장들은 영적인 일들에 있어서 바로 이런 식으로 행동했던 것이다. 죄 때문에 심판이 임박했는데도 그들은 긍정적인 낙관주의를 외쳤다.

종종 우리도 이런 일을 행한다. 너무나 쉽게 교회는 단지 축도할 때까지밖에 지속되지 못하는 피상적인 치료책과 도움을 제공하는 일들에 빠져 버린다. 그러나, 문제의 핵심을 건드려 보지도 못하는 말들을 통하여 단지 일시적으로 진통만을 해소하고는, 그렇게 함으로써 좀더 나아지지 않는 해결하기 어려운 문제들을 교회 밖의 상담자들에게 넘겨버리는 것은 영적인 부당 치료(spiritual malpractice)와 다를 바가 없다.

성경을 믿는 개교회들은, 그리스도를 알기 때문에 사려 깊은 말을 사용하여 남들에게 깊은 영향을 줄 수 있는 힘을 지닌 사람들로 구성되어 있다. 그리스도인들의 말은, 적어도 어느 정도에 있어서는, 그리스도의 사랑과 충족성(充足性)이 그들의 삶 속에 실재하고 있음을 반영해 준다.

그러나, 우리는 피상적인 말에 머물러 버린다. 사람들이 줄을 지어 예배당에서 나올 때에 우리는 "당신이 여기에 오시니 참 반갑습니다"라고 유창하게 말한다. 친절하고 유익한 말처럼 들리지만 실상 사람들에게 영향을 끼칠 수 있는 힘이 결여된 말들은 건강한 교회 생활에서는 거의 영향력이 없다. 깊이가 없는 말은 다른 사람을 격려해 줄 수 없는 것이다.

사람을 죽이는 말

말에는 위력이 있다는 사실을 일단 살펴본 이상, 우리는 더이상 별 의미가 없는 얄팍한 말에 만족해서는 안 된다. 말은 무너뜨릴 수도 있고 세울 수도 있다는 사실을 분명히 의식하면서, 우리는 그 말의 위력을 이용할 줄 알아야 한다. 말은 외과의사의 손에 들리면 병자를 고칠 수도 있지만 부주의한 아이의 손에 쥐어지면 사람을 죽일 수도 있는 날카로운 칼과 같다. "죽고 사는 것이 혀의 권세에 달렸나니"(잠언 28 : 21).

말이 어떻게 파멸을 부르는가를 생각해 보자. 중년(中年)의 남자가 수 년 동안 만성화된 우울증과 투쟁하고 있었다. 근본 문제가 화학적인 것이라고 일치를 본 몇몇 정신과 의사들은 그가 여생 동안 우울증 치료제를 규칙적으로 복용해야 한다고 주장하였다.

우리가 상담하는 과정에서 그는 자수성가하여 큰 기업의 사장이 된 그의 아버지가 그에게 거듭거듭 "이 녀석아, 네가 우리 기업을* 물려받았다가는 다 망쳐버리고 말게야"라고 말했었다고 하였다.

이 말들은 들을 때마다 그의 마음을 아프게 찔러 댔다. 그의 아버지가 죽었을 때, 그는 아버지의 예언이 틀린 것임을 입증하기 위하여 상식을 초월할 정도로 오랜 시간 동안 일하고 싶은 충동을 느꼈다. 실패를 피해야 한다는 강박관념이 그를 쉴새없이 괴롭혔으며, 오직 알코올을 통해서만 그 강박관념을 누그러뜨릴 수 있었다. 그러자, 곧 과음(過飮)으로 인한 심각한 문제가 발생하였고, 그의 아내는 그를 떠나겠다고 위협하였다. 결국 그는 악화되는 우울증에 그만 굴복하고 말았으며, 약물 복용을 통해서만 거기서 도피할 수 있었다. 그의 인생은 자기 아버지의 혀의 힘에 의하여 파괴되었던 것이다.

언젠가 내가 학생 수가 많은 주일학교 반을 가르치고 있을 때, 아주 양심적인 젊은이가 질문을 했던 적이 있다. 나는 비록 내가 왜 그랬는지는 잘 모르지만 순간적으로 익살스런 대답을 생각해 내고는 그 생각을 말로 표현함으로써 웃음을 자아냈다. 6개월 후에 그 젊은이는 그를 지독하게 당황하게 만들었던 그 일 때문에 받은 쓰라린 상처를 달래려고 나를 찾아왔다. 물론 그 젊은이가 너무 예민한 성격 때문에 마음에 상처를 입었다고 말할 수도 있을 것이다. 그러나, 말이 파괴적인 도구로 사용될 수 있다는 것만은 엄연한 사실이다.

생명을 주는 말

밝은 면에 대해서 생각해 보자. 말은 상처를 줄 수 있을 뿐아니라 그것을
완화시켜 줄 수도 있다. 훨씬 더 중요한 것은, 말이 나쁜 방향으로 흘러
가던 삶을 다시 선한 방향으로 역전시킬 수 있다는 사실이다. 이것이 곧
내가 관심을 두는『말』즉 생명력 있는 격려의 말이다.

사도 바울은 "무릇 더러운 말은 너희 입밖에도 내지 말고 오직 덕
을 세우는 데 소용되는 대로 선한 말을 하여 듣는 자들에게 은혜를 끼치
게 하라"(에베소서 4 : 29)고 교훈하고 있다. 내 생활 속에서 빚어진 어
떤 결과들을 참고 견디어야 할 특별한 순간의 어려움을 극복하는 데에 시
기 적절한 말 몇 마디가 어떻게 완벽하게 기여했는가를 보여 주는 한 예
(例) 가 있다.

청소년 시절, 나는 말을 더듬는 버릇이 있었기 때문에 아주 창피하
고도 곤욕스러웠다. 사람을 당황하게 만드는 이런 버릇 때문에 곤란을 겪
는 사람은 특별히 어떤 철자나 소리가 발음하기 어렵다는 것을 안다. 내
가 발음에 곤란을 느꼈던 두 철자는 "엘"(L) 과 "피"(P)였다. 내 이름은
"래리"(Larry) 였으며, 펜실바니아에 있는 "플리머드 화이트마쉬"(Ply-
mouth-Whitemarsh) 중·고등학교에 다녔다.

제9학년 때에 나는 우리 중학교 학우회 회장으로 선출되었다. 제
7, 8, 9학년 총회에서 수백 명이 모였을 때 교장 선생님께서는 취임식을
위하여 단상으로 올라와 자기 옆에 서라고 나에게 손짓하셨다.

지루해하면서 웅성대는 군중 앞에 긴장된 마음으로 섰을 때, 교장
선생님께서는 나에게 이렇게 따라 하라고 말씀하셨다. "플리머드 화이트
마쉬의 학생인 나 래리 크랩은 이렇게 선서합니다…." 그러나, 이것은 어
디까지나 교장 선생님께서 하신 내용이다. 나의 것은 조금 달랐다. "프-
프-프- 플리머드 화이트마쉬의 학생인 나 르-르-르- 래리 크랩은
이렇게 스-스-스- 선서(p-p-p-promise) 합니다…"

교장 선생님은 동정심과 당혹감을 느끼셨고, 내가 좋아하는 영어
선생님은 소리를 치고 싶은 심정이셨고, 몇몇 학생들은 크게 웃었고, 대

다수의 사람들은 눈치도 없이 재미있어했으며, 어떤 이들은 내게 대해
서 나쁜 인상을 갖게 되었다. 나는 정말로 죽고 싶은 정도의 심정이었다.
바로 그때 나는 여러 사람들 앞에서 말하는 것은 나에게 적합하지 못한
일이라고 판단해 버렸다.

그 후 얼마 지나지 않아서 주일 아침 예배 때에 성찬식을 거행하
였다. 우리 교회에는 일어서서 큰 소리로 기도할 수 있는 특권을 기꺼이
받아들이도록 젊은이에게 용기를 불어넣어 주는 관례가 있었다. 성찬식
을 거행하는 바로 그 주일에 나는 성도들이 내가 기도하기를 원한다는 것
을 느끼고는 (그것을 나는 성령의 인도하심으로 느끼지 못했던 것 같다)
처음으로 기도하기 위해 휘청거리며 의자에서 일어났다.

경외감보다는 오히려 긴장감에 휩싸여서 나는 내 기도의 내용이 거
의 이단적인 지경까지 흘러갈 정도로 혼동되고 있음을 느꼈다. 나는 내
가 성부께서 십자가에 달리신 것과 그리스도께서 자랑스럽게도 성령을 무
덤에서 일으키신 것에 대하여 감사를 드렸던 것을 기억한다. 기도하는 중
내내 이런 말 저런 말을 횡설수설하다가 나는 결국 아멘(amen)이란 말
을 생각해내고는(아마도 이것은 성령의 인도에 대한 첫 증거였던 것 같
다) 그것을 말한 후에 자리에 앉았다. 나는 너무 당황한 나머지 주위를
쳐다볼 수 없어 바닥만 내려다보면서, 다시는 공중 앞에서 큰 소리로 기
도하거나 말하지 않겠다고 굳게 결심하였던 것을 기억한다. 내가 그런 결
심을 하기까지는 이 두 사건으로도 충분했다.

예배가 끝났을 때, 나의 비뚤어진 신학을 교정해 주어야 한다는 의
무감을 느꼈을지도 모를 장로님과 마주치기 싫어서 곧장 문으로 달려갔
다. 그러나, 나의 동작은 그렇게 재빠른 것이 아니었다. 짐 던버(Jim D-
unbar)라는 연로한 그리스도인이 나를 가로막고는 내 어깨 위에 자기 팔
을 올려놓더니, 말을 하기 위해 목소리를 가다듬었다.

그 순간 나는 속으로 "올 것이 오고 말았구나. 좋아, 이 순간만 견
디고는 차에 타자"라고 생각했었다. 그 때 이 경건한 신사의 말이 들렸
다. 나는 그 말을 이십 년 이상이 지난 오늘날에도 글자 하나 틀리지 않
고 그대로 반복할 수 있다.

그는 "래리, 자네가 알아 주었으면 하는 것이 있네. 자네가 무슨
일을 하든지 간에, 나는 언제 어디서나 자네의 뒤에 있겠네"라고 말하고

는 돌아서서 걸어나갔다.

나는 이 말을 글로 쓰기만 해도 눈물이 솟는다. 그러나, 나는 조금도 막힘 없이 이 이야기를 말해야 한다. 그 말은 생명을 주는 말이었고 위력이 있었다. 그 말은 내 존재의 깊숙한 곳까지 들어왔다. 다시는 공중 앞에서 결코 말하지 않겠다던 나의 결심은 곧 약해지고 말았다.

그 분이 그 말을 해 준 이후, 하나님께서는 여러 사역들로 나를 인도하셨는데, 그 사역들을 감당하는 중에 나는 크고 작은 청중들 앞에서 말도 하고 기도도 했다. 그런데, 나는 더듬거리지 않고도 그렇게 할 수 있었던 것이다. 나는 이제 그런 일을 좋아한다. 혀는 죽일 수 있는 권세뿐만 아니라 살릴 수 있는 권세도 지니고 있다.

하나님께서는 우리가 말을 통하여 서로를 격려할 줄 아는 사람들이 되기를 원하신다. 시기 적절한 말은 달리는 사람에게 힘을 불어 넣어 경주를 마치게 하고, 절망하는 사람에게 소망을 불붙여 주고, 차가운 세상에 따스한 온기를 주며, 자신의 결점에 대해 고민하는 사람에게는 자신을 새롭게 평가하는 계기를 마련해 주고, 어려운 문제에 짓눌려 있는 사람에게 새로운 확신을 불어넣어 주는 능력을 지니고 있다.

요 약

그리스도인들은 서로를 격려하라는 명령을 받고 있다. 말에는 사람들에게 깊은 영향을 끼칠 수 있는 위력이 있기 때문에, 우리는 말을 통해서 동료 그리스도인들을 어떻게 격려할 수 있는가를 생각해야 한다.

말은 격려할 수도, 실망시킬 수도, 혹은 아무런 영향을 끼치지 못할 수도 있다. 피상적인 말은 별 영향을 주지 못하고, 죽이는 말은 낙심을 가져다주며, 살리는 말은 격려의 효과를 지닌다. 우리는 긍정적인 영향을 주도록 신실한 말을 할 줄 알아야 한다. 그렇기 위해서는 또한 우리가 다른 그리스도인들이 더욱 열심을 품고 순종의 좁은 길을 달려가는 데 도움을 줄 수 있는 언어(말)를 사용해야 한다.

3

피상적 공동체 :
격려에 대한 장애

교회에서 정찬(正餐)을 나누기 위해서 모이거나 혹은 소규모의 그
룹으로 모일 때, 또는 주일 아침 예배를 마친 후 주차장에 모일
경우, 우리의 말은 종종 시사 문제들에 관해서 이 말 저 말을 하는 정도
에 그치고 만다. 자신의 말이 남들에게 큰 영향을 끼칠 수 있음을 아는
이들은 별로 없다. 왜 우리의 말에는 영향력이 결여되어 있는가? 우리
의 말은 진정으로 중요한가? 우리는 말을 어떻게 특징적으로 사용하는
가?

대화를 나누고 있는 두 사람을 생각해 보자. 말을 하고 있는 사람
은 말을 듣는 사람을 바라보고 있지만, 말을 듣는 사람은 말을 하는 사람
을 바라보고 있지 않은 것을 당신은 쉽게 발견할 것이다. 그 이유는 분
명하다. 즉, 말을 듣고 있는 사람은 실상은 상대방의 말을 듣고 있는 것
이 아니다. 그는 자신이 발언권을 얻기 위하여 상대방이 말을 멈출 때까
지 기다리고 있는 것일 뿐이다. 두 사람은 서로 상대방에게 어떤 중요한
질문도 제기하지 않는다. 이들의 대화는 오히려 청중이 없는 두 독백들
에 더 가깝다. 때때로 한 쪽이 상대방보다 더 우세할 때가 있는데, 그 때
상대방은 그저 묵묵히 참고 있거나 수동적일 따름이다.

이 장(章)을 집필하고 있을 때에 나는 시카고행 비행기를 탄 적이
있다. 내 좌석 뒤에 앉은 어떤 남자의 얘깃소리가 너무 커서 나는 그저
듣는 수밖에는 다른 도리가 없었는데, 그는 만물 박사였다. 한 시간 동
안 그의 화제는 제일 비싼 바닥 타일(floor tile) 가격으로부터 시작해서
식당에서 훌륭한 대접을 받는 방법 및 플로리다(Florida) 병원들의 간호
원의 질적 수준으로 이어졌다. 그러나, 그 사람은 자신의 무지함을 인정

하든가, 아니면 적어도 어떤 것에 대해서는 사신이 없다는 암시라도 했
어야 했다.

나는 지루함을 느끼면서도 인내심을 가지고 호의적인 반응을 보이
는 옆 좌석에 앉은 희생자 - 즐거운 표정을 하고 있는 중년 여성 - 가 핵
물리학에 대해서, 아랍과 이스라엘 간의 고질적인 갈등 또는 중세 시대
의 종교적 관습에 대해 질문을 제기하고는, 마치 전문가가 말하는 것 같
은 유식한 강연이 그 남자에게서 거의 쉴새 없이 흘러나오는 것을 듣게
되지나 않을까 하는 생각이 들었다. 내가 말할 수 있는 한에서는, 그 여
성이 어려움을 참는 인내를 배우는 점에서 큰 기쁨으로 여기지 않았다면,
그 대화는 전혀 의미가 없었다. 그들 사이에서 이루어진 일이란 아무런
유익도 주지 못할 것이 뻔한, 가치 없는 말들의 일방적인 교환이었다.

우리의 말이 공중에 날리는 대화 정도의 가치밖에 지니지 못하는
경우가 허다하다. 우리는 마치 아장아장 걷는 아이가 100달러 짜리 지
폐를 가지고 부주의하게 장난을 치는 것처럼 말을 부주의하게 내뱉는다.
그러나, 우리 주 예수께서 가르치실 때에 사람들은 그분의 말씀에 권위가
있는 것을 즉시 깨달았다. 그분의 말씀에는 위력이 있었다. 그 청중이 듣
기에 그분의 말씀은 바리새인들로부터 쉴새 없이 흘러 나오는 말과는 왠
지 모르게 달랐다.

우리의 말이 위력을 가질 수 없도록 방해하는 것은 무엇인가? 우
리의 말이 힘을 지니기 위해서 우리는 어떻게 우리와 다른 이들 사이에
다리를 놓아야 하는가? 이것에 대한 대답을 얻기 위해서 우리는 먼저
『피상적 공동체』(surface community) 라는 문제를 이해해야 한다. 피상적 공
동체란, 말이 지닌 바 남들을 격려할 수 있는 가능성을 실현시키지 못하
도록 방해하는 일종의 관계 구조 (relational structure) 이다.

사람들의 마음속

사람들이 공동체를 이루어내지만, 의미있는 상호 관계를 막는 것도 역시
사람들이다. 서로간의 장애가 어떻게 형성되며, 또한 그것을 우리가 어
떻게 제거할 수 있는가를 이해하기 위해서는 먼저, 왜 우리는 우리들의
말이 다른 이들에게 도달하는 것을 막으며, 우리가 염원하는 "친근감"을

가로막는 장애 요소들을 만들어 내는가를 물어야 한다.

이 문제를 올바른 시각(視覺)에서 바라보기 위해서는, 이런 장애가 최초로 발생한 역사적 사건을 분석해 보아야 한다. 이 사건은 창세기 제3장에 언급되어 있다.

범죄하기 전에 아담은 아무런 거리낌 없이 하나님과의 교제를 즐겼다. 거기에는 장벽이 없었고, 거리감도 긴장도 없었다. 그러나, 죄는 즉각적으로 끔찍한 결과들을 가져왔다. 그 결과들 중 한 가지는 하나의 새로운 감정이었는데, 그것은 곧 "두려움"(fear)이었다.

이 새로운 감정에 대한 아담의 반응은 하나님을 피해 숨어버린 것이었다. 물론, 모든 것을 아시는 하나님께서는 아담이 두려움에 떨면서 나무 뒤에 웅크리고 숨어 있는 것을 아셨다. 그러나, 그분은 아담을 불러내시면서 한 가지 질문을 하셨다. 거룩하신 하나님께서 범죄한 인간에게 던지신 최초의 질문은 "아담아, 네가 어디 있느냐?"였다. 어쩌면 하나님께서는 아담이 자신의 곤경을 깨닫고 자신의 죄를 고백하도록 만들고 싶으셨을지도 모른다. 오직 문제가 드러날 때에만 사람들은 도움을 청하려는 마음을 갖는다.

아담의 반응을 주목하자. "내가 벗었으므로 두려워하여 숨었나이다"(창세기 3:10). 그의 대답은 세 부분으로 명확히 구분된다.

1. "두려워하여": 아담의 핵심적인 감정
2. "내가 벗었으므로": 그의 핵심적인 동인
3. "(그러므로 내가) 숨었나이다": 그의 핵심적인 방어 수단

핵심적인 감정

아담의 감정의 핵심을 생각해 보자. 그는 두려워했다. 그가 범죄하기 전에는 두려워할 것이 없었다. 그는 하나님과 우호적인 관계에 있었으며, 부부간에도 말다툼이 없었고, 잡초가 없는 동산에는 식량이 풍족했으며, 그가 하는 일은 안전하고도 의미있는 것이었다.

그러나, 죄가 낙원에 침입했을 때 낙원은 상실되었다. 질서의 파괴, 불안정, 감정적 압박(stress), 파괴된 관계 및 죽음이 찾아왔다. 아

담은 그 이후 그의 자손들의 경우처럼 인간의 여러 가지 곤란한 의문들에 갑자기 직면하게 되었다. 그 의문들이란 "해결 방법이 있는가? 삶은 계속 지속될 것인가?" "나는 영원히 버림받을 운명에 처해 있는가? 나 혼자의 힘으로 그것을 해낼 수 있을까? 나의 결혼이 실패할 것인가?" 등이었다. 그렇다면 이런 의문들의 공통점은 무엇인가? 그것은 이 모든 것들이 두려움 때문에 생겼다는 점이다.

성경 전체를 통하여 하나님께서는 거듭해서 두려움의 문제를 다루신다. 아브라함이 자기의 장래에 대해 마음을 쓸 때 하나님께서는 "아브람아 두려워 말라 나는 너의 방패요"(창세기 15 : 1)라고 말씀하셨다.

하나님께로부터 거역하는 민족을 향하여 말씀을 전하라는 소명을 받았을 때, 예레미야 선지자는 즉시 그 요청을 거절했다. 그러나, 하나님께서는 그의 완고한 거절을 책망하시지 않고 오히려 다음과 같이 말씀하셨는데, 이 말씀은 예레미야의 문제의 핵심을 찌르는 것이었다. "너는 그들을 인하여 두려워 말라 내가 너와 함께 하여 너를 구원하리라"(예레미야 1 : 8).

온 족속으로 제자 삼으라는 지극히 큰 사명을 제자들에게 내려주신 후에, 우리 주 예수께서는 두려움이 그들의 순종에 대한 큰 장애가 될 것임을 내다보셨다. 그리하여 예수께서는 "내가 세상 끝날까지 너희와 함께 있으리라"(마태복음 28 : 20)고 말씀하시면서 그들을 안심시키셨다. 사랑의 사도인 요한은 하나님의 온전한 사랑이 삶의 지배적인 동인(動因)으로서 두려움을 내쫓을 수 있다는 진리를 기뻐하였다(요한일서 4 : 18).

왜 성경이 이토록 두려움에 대해 강조하는가? 인류의 곤경 및 그것에 대하여 우리가 반발하는 이유들에 관해서 내가 곰곰히 생각해 본 바에 의하면, 중생하지 못한 인간의 본성을 지배하는 감정적인 동력은 두려움임에 틀림없다고 본다. 진실로 우리의 문제들은 우리의 해결 능력을 훨씬 벗어나는 것이다. 우리는 우리에게 가장 문제가 되는 것들을 제어할 수 없다. 우리가 세우는 계획은 우리의 제어 능력을 벗어나는 요인들이 간섭하지 않을 경우에만 성공할 수 있다. 궁극적으로, 우리의 삶은 우리의 손아귀에 들어있지 않다. 그러므로 무슨 일이 일어날 것인가에 대하여 우리가 두려움을 느끼는 것은 아주 당연한 일이다.

두려움으로부터 자신을 충분히 멀리 떼어놓고서 그것을 객관적으로 볼 수 있다면, 분명 두려움은 흥미를 자아내는 감정이다. 두려움은 우리의 행위나 경험의 배후에 놓여 있는 하나의 세력(힘)으로서, 믿을 수 없을 만큼 다양한 상황들 속에서 나타난다. 나는 꿈의 의의를 굳게 믿고 있지는 않지만, 우리의 마음속에서부터 밀려나오는 두려움이 때때로 우리의 꿈을 통해서 표면으로 나타나는 것이 아닌가 하는 생각을 해 본다.

지난 25년 동안 나는 반복해서 한 가지 꿈을 꾸어 왔는데, 그것은 비록 세부적인 사항들에서는 조금씩 차이가 있지만 그 중심적인 주제는 동일한 것이었다. 나는 그 꿈을 제8학년 때부터 꾸기 시작하였다. 나는 내가 리프슈나이더(Reifsnyder) 선생님의 수학 교실로 걸어 들어가서, 혼동스러운 또 한 시간을 견디내기 위해, 예의 구부정한 자세로 여유있게 교과서를 펼치는 꿈을 꾸었다.

"책상 위에 연필 두 자루 외에는 아무것도 남겨 두지 말고, 시험 칠 준비를 하세요"라고 선생님이 소리쳤을 때 나는 갑자기 막대기처럼 굳어졌다. 시험? 무슨 시험인가? 꿈 속에서 나는, 다른 학생들도 놀라는 기색을 보이기를 바라는 마음으로 미친듯이 주위를 둘러보았다. 어떤 학생들은 차가운 표정이었고, 놀라는 사람은 아무도 없었다. 그 날이 시험일이라는 것을 망각한 학생은 오직 나 혼자뿐이었다.

고등학교, 대학 및 대학원을 거치는 동안 내내, 나는 내 자신이 무언가 중요한 일에 대한 준비를 갖추지 못한 상태에 있는 것을 깨닫는 곤경에 처하는 유사한 꿈들을 꾸었다. 심지어 학업을 모두 마친 후에조차도 나는 내가 다가오는 시험에 대비해서 열심히 공부를 했다고 생각하면서 이른 아침에 깨어난 적이 두세 번쯤 있음을 기억한다. 나는 머리를 흔들어 생각을 떨쳐버리고 나 자신에게 내가 더이상 시험을 치르는 것이 아니라 오히려 시험을 부과한다는 사실을 상기시켜야 했다.

그 후 나의 꿈의 무대는 교회의 설교단으로 바뀌었다. 나는 어떤 교회의 목사가 나를 초청 설교자로 소개하기를 조용히 기다리던 중 갑자기 내가 설교 준비하기를 잊었음이 생각나는 꿈을 꾸곤 했다. 오늘날 꿈은 거의 예언적인 의미를 갖지 않지만, 그러나 나의 이 꿈은 나의 20대 초반에 있어서 놀라울 정도로 거의 꿈 그대로 성취되었다.

실제로 나는 주일 아침 예배에서 설교하게 된 첫번째 기회를 맞아
준비하고 있었다. 신경과민을 풀기 위해 나는 설교문에서 죤 칼빈(John
Calvin)의 말을 인용하기로 결심했다. 내가 그렇게 결심했던 것은 만일
내 설교가 전혀 도움이 안 되고 진부한 것이 될지라도, 위대한 신학자의
말은 청중에게 조그만 유익이라도 주지 않겠느냐는 내 나름대로의 계산
때문이었다. 그 당시 나는 "우리가 오직 믿음에 의하여 구원받는 것은 사
실이지만, 구원하는 신앙(faith that saves)은 결코 단독적이지 않다"라는
칼빈의 유명한 구절을 우연히 발견하고, 주의깊게 노우트에 적어 두었었
다.

나는 극적으로, 이 인상적인 글귀를 인용할 단계까지 설교를 이끌
어오는 데 성공했다. 나는 이렇게 말했다. "지난 주, 나는 구원의 은총
과 신앙의 책임에 관한 진리를 선명하게 종합하여 표현한 한 구절을 발
견하게 되었읍니다. 이 말은 성경적 입장을 아주 적절하게 표현했기 때
문에 나는 그것을 외웠읍니다. 그 말은 내 기억에 새겨졌기 때문에 나는
결코 그것을 잊지 않을 것이라고 생각합니다. 죤 칼빈은 말하기를 … "

그리고 나서 나의 생각은 텅비고 말았다. 나는 전부 176절이나 되
는 시편 119편을 암송할 수 없는 것처럼 칼빈의 그 말을 암송할 수가 없
었다.

나는 황급히 노우트를 내려다보았지만 원고의 페이지들은 뒤죽박
죽이 되어 있었다. 원고의 내용들을 훑어본 후에야 비로소 보통 크기의
노란색 종이 위에 쓰여진, 따라서 찾기에 그리 어렵지 않은 칼빈의 저 잊
지 못할 명언을 찾아 내어, 수줍어하면서 그것을 읽었다.

사도 베드로가 처음 설교했을 때에는 3,000명의 영혼이 구원을 얻
었지만 내가 처음 설교를 했을 때에는 20명의 사람들이 따뜻하게 동정심
을 표현하였다.

꿈 속에서 끈질기게 나타났었고, 내 설교 경력의 시작에서부터 느
껴야 했던 것은 바로 두려움의 감정이었다. 그것은 내가 나의 책임을 다
하지 못하면 어떻게 하나, 준비를 제대로 하지 못해서 남들 앞에서 나의
일을 올바로 수행하지 못하면 어떻게 하나, 내가 남들에게 기대 이하로
보이거나 내가 두려워하는 모습으로 비치면 어떻게 하나 하는 두려움들
이었다. 자손들에게 끼친 아담의 유산에는 두려움이 포함된다. 아담이 두

려워했듯이 우리도 역시 두려워한다.

핵심적인 동인

왜 아담은 두려워했는가? 하나님께 대답하는 가운데 아담은 "내가 벗었으므로 두려워했나이다"라고 대답함으로써 자신의 두려움의 원인이 벌거벗음 때문임을 정확히 꼬집어 말했다. 그런데 아담은 사실상 육체적인 벌거벗음으로 인해 생긴 수줍음 이상의 것을 말하고 있었던 것이다. 그의 생애에 있어서 처음으로 자기가 용납되지 못하는 상태에 처해 있다는 느낌과 씨름하지 않으면 안 되었다. 그는 자신의 타락한 상태가 보여진다면, 그리고 그가 하나님의 법을 위반한 자로 드러난다면, 자신은 저 "궁극적인 분"(the ultimate Person)에게 버림받을 것임을 깨달았던 것이다.

만일 두려움이 인간의 본성에 잠재한 핵심적인 감정이라면, 우리의 두려움의 궁극적인 원인은 우리가 근본적으로 용납되지 못하는(받아들여지지 못하는, unacceptable) 상태에 있다는 의식(意識)이다. 우리는 우리에게 무언가 잘못된 것이 있음을 안다. 우리는 우리가 마땅히 처해 있어야 할 상태에 있지 못하다. 자신의 주름살을 화장으로 숨긴 여성처럼 우리는 가면(假面)을 쓰지 않은 우리의 상태가 매력이 없는 것임을 알고 있다. 그리고 만일 우리가 시간을 내서 "거룩함"이라는 표준에 따라 우리 자신을 살핀다면, 우리는 우리가 단지 매력이 없을 만큼 추하다는 것을 필히 깨닫지 않을 수 없다. 이러한 성찰은 우리를 겸손하게 만드는, 반드시 필요한 작업이다.

그러므로, 버림받을 것을 두려워하는 것은 당연하고도 자연스러운 것이다. 두려움은 신경과민 현상이 아니라 실재적(實在的)인 것이다. 우리는 버림받아야 마땅하다. 그런데 버림받는 것은 너무나 고통스럽기 때문에 우리는 무엇보다도 그것을 피하고 싶어한다. 그리하여 우리는 품위 있고 친절하고 관대한 가면과 멋진 의상 뒤에는 배척과 비판을 받아 마땅한 진짜 모습이 자리잡고 있다는 것을 거의 직관적으로 의식(意識)하기 때문에, 그것이 "폭로될" 것을 두려워하게 되었다.

우리 모두는, 심지어 수 년 동안 두꺼운 가면을 쓰고 있는 사람들조차도 자신들의 얼굴에는 어느 정도 주름살이 있다는 것을 의식한다. 자

신의 감정을 사고(思考)로 바꿀 수 있는 능력이 생기게 되면 우리는 즉
시 "폭로에 대한 두려움"(fear of exposure)과 "그것에 따르는 배척에 대
한 두려움"을 갖게 되는데, 이런 일은 어릴 적부터 일어난다.

　　비록 우리의 궁극적인 두려움이 하나님께 거부당하는 것과 관련이
있기는 하지만, 우리는 그 두려움을 당장 눈에 보이는 사람과 관련시킨
다. 우리는 부모나 친구에게 거부당할 것을 두려워하는데, 성인이 되면
배우자, 자녀, 목회자, 고용주 또는 사회에게서 거부당할 것을 두려워하
게 된다.

　　인생의 고통스러운 경험은 우리가 누구를, 그리고 무엇을 두려워
해야 할지를 가르쳐 준다. 어떤 중년(中年) 여성은 수 년 전, 자기 아버
지의 임종을 지켜보기 위해 가족들이 모였을 때 상처를 받았던 일에 대
해서 내게 이야기해 주었다. 아내, 아들 그리고 두 딸들이 있었다.

　　숨을 거두기 직전에 잠시 시간을 끌면서 그는 서른 살 난 자기 아
내를 바라보며 "여보, 나는 언제나 당신을 사랑해 왔소. 평안하시오.
다시 당신을 볼 것이오"라고 속삭였다. 그리고 나서 아들에게로 향하더
니 애써서 "너는 나에게 참 기쁨의 근원이었다. 사랑한다"라고 말했다.
다시 그는 숨을 헐떡거리면서 그의 큰 딸에게 "또…너를… 사랑한다"라
고 말하고는 숨을 거두었다.

　　아버지에게서 "사랑한다"라는 말을 듣지 못한 것 때문에 25년 전
에 느꼈던 "거부당함"의 상처에 대하여 이야기할 때에 그녀의 눈에서는
눈물이 흘렀다. 거부당하는 것에 대한 두려움이 그녀의 마음속 깊이 자
리잡게 되었다. 그 날 이후 그녀의 유일한 생의 목적은 중요한 사람에게
거부당하는 일을 피하는 것이었다. 그녀가 나에게 찾아와 상담을 요청한
것은 방금 전에 그녀의 남편이 목하 진행 중인 불륜(不倫)의 관계를 인
정했었기 때문이었다.

　　우리 모두는 거부당하거나 혹은 실패할 것에 대한 근본적인 두려
움을 악화시키는 어떤 종류의 정신적인 충격들을 경험해 왔다. 그것들은
학교 친구들 앞에서 말을 더듬는 것, 부모의 이혼, 절친한 친구의 죽음,
재정적 어려움, 십대인 딸의 임신 등등의 것일 수 있다. 이런 예들을 들
자면 한이 없다. 두려움이 배양하는 상황들이란 곧 모든 이들이 처한 환
경의 어느 부분들인 것이다.

두려움은 암 세포와 같아서, 더 강렬해지고 더 불어난다. 우리는 삶을 제대로 이끌어갈 수 있는가? 어떤 이가 진정으로 마음을 써주는가? 일이 이러저러하게 되면 어떻게 하지? 내가 돈을 충분히 벌 수 있을 것인가? 내 자녀들은 자라서 어떤 사람들이 될 것인가? 내가 인정을 받고 있는가? 나는 가치있는 존재인가, 아니면 두려워하는 존재, 즉 받아들여지지 못하고 중요하지도 않고 사랑받지 못하는 실패자인가?

자신감에 넘치는 사업가가 고급 식당에 거침없이 들어가는 것이나, 또는 사교계의 여성이 값비싼 옷을 입은 손님들을 대리석으로 꾸민 자기집 현관으로 영접하는 것을 무심코 보게 될 때, 우리는 그 "아름다운 사람들"은 그들이 느낀 적이 있는 두려움을 모두 극복하지 않았겠느냐 하는 생각을 갖게 된다. 확실히 그들은 두려움이 없는 것처럼 보인다. 아마도 두려움이라는 질병은 살기 힘든 중하류 층의 사람들이나, 또는 아무런 특별한 재주나 가진 것이 없는 보통 사람들, 혹은 외모상 매력이 없는 사람들만을 괴롭히는지도 모른다.

사실, 모든 사람들이 다 두려워하는 것으로 보이는 것은 아니다. 많은 사람들의 경우, 물론 그들이 하루쯤 시간을 내서 아주 진지하게 반성해 본다면 모르겠지만, 대개의 경우에는 자신들이 두려움을 의식한 경험이 없다고 말한다. 그러나 우리 모두는 두려움을 갖고 있다.

히브리서 기자는 사람들을 평생 종노릇하게 만드는 죽음에 대한 두려움이 있다고 말한다 (히브리서 2 : 15). 우리 모두는 장차 우리가 죽을 것이라는 생각을 갖고 있다. 신자 (信者) 들 외에는 아무도 무덤 저편에 무엇이 놓여 있는지를 알지 못한다. 그리고 불확실함이 있는 데에는 두려움이 있기 마련이다.

우리는 이 세상의 삶에서나 혹은 죽은 이후에나 어떤 일이 벌어질지를 알지 못한다. 우리는 어쩌면 일들의 결과가 원하는 대로 되어지지 않을 수도 있다는 생각이나, 또는 세상이 우리에게 호의적으로 대하지 않을지도 모른다는 생각 때문에 불안을 느낀다. 우리가 느끼는 두려움의 근원은, 원시적인 것이긴 하지만, 우리가 받아들여지지 못하는 존재라는 사실, 그리고 우리가 진정 어떤 존재인가가 밝혀질 때에 우리가 거부당할 것이라는 사실에 대한 인식이다.

그런데, 두려움이 모든 사람의 속 중심에까지 침투했다면, 우리가 두려워하듯 그렇게 두려워하는 증거를 보지 못하는 것은 무슨 까닭인가?

교회에 앉아 있는 사람들 중 대부분은 평안한 표정이다. 아마도 사람들
은 병원에서 의사를 기다릴 때에는 두려운 표정을 짓겠지만, 그렇지 않
은 경우에는 대부분 바쁘고 화가 나고 명랑하고 지루하고 흥분하고 단호
하고 혹은 슬픈 기색은 보이면서도 두려워하는 기색은 흔치 않다. 교회
의 교제 시간이면 대개 사람들이 행복한 모습으로 뒤섞여서 교제를 나눈
다. 그렇다면 두려움은 어디에 있는가?

본질적인 방어 수단

"내가 벗었으므로 두려워하였나이다." 아담은 그 이후의 죄악된 인간들
이 줄곧 이와 동일한 말로 소리치게 될 것을 예견이라도 하는 듯이 이
렇게 인정하였다. 그는 자신의 진정한 상태, 즉 만일 폭로될 경우에는 거
부당함을 야기시킬 자신의 상태를 의식했다. "그러므로 내가 숨었나이다."
아담이 숨었던 것은 자신이 두려워하고 있는 그것이 다루어져야 한다는
사실을 회피하려는 노력에서 비롯된 것이었다. 배척을 불러일으킬, 모든
것을 아시는 눈길을 피하기 위하여 그는 무화과 나뭇잎을 취하여 가렸고
나무 뒤에 숨었다.

   그 후 줄곧 사람들은 아담의 발자취를 따라 자신들의 무가치함을
숨길 방법들을 필사적으로 모색해 왔다. 그것은 그들이 배척을 받아 마
땅한 존재라는 사실에도 불구하고, 자신들을 좋게 평가하고자 하는 바램
에서 비롯되는 것이다.

   사단은 자상하게도 우리에게 많은 것들을 제시한다. 그는 우리가
그리스도 안에서 하나님께 용납받는 길 이외의 것들을 통하여 자신들을
좋게 평가하도록 만들기 위해 여러 가지 술수들을 사용한다. 이 술수들
중 가장 두드러진 것들이 돈, 명예, 권력, 지위, 또는 사치스런 생활이
다. 그러나, 그 외에도 동등한 효과들을 가져오는 것들이 있는데, 그것들
은 좀더 교묘한 술수들이다.

   이것들에는 자아 성찰을 거부하는 마음, 사회적 자아 주장, 비판
적인 생각, 교조주의, 수줍음 또는 사교성이 포함될 뿐만 아니라, 우리
가 우리 자신을 포함해서 다른 사람에게 우리의 참 모습을 인정하는 데
서 도피하려는 일에 도움이 될 만한 것이면 무엇이든지 포함된다.

   폭로될 것에 대한 공포를 피하려 애쓰는, 두려움에 찬 사람들은 숨

을 장소를 찾는다. 겨울날 차가운 눈보라를 헤쳐나가려 할 때 두꺼운 오
버코오트를 입는 것과 마찬가지로 우리는 "방어 층"(defensive layers)으
로 자신들을 보호한다.

이러한 방어 수단이 효과가 있는 것을 알게 될 때면 언제나 우리
는 그것을, 점차 엄습해 오는 차가운 거부로부터 우리를 보호하는 방어
층으로 계속 사용한다. 두려움에 사로잡힌 영리한 사람은 무수히 다양한
방어 수단들을 고안해 낼 수 있다. 그 방어 수단들에는 농담, 어리석은
행동, 거만한 태도, 자만, 남을 속이는 눈물, 위장된 회개와 겸손, 그룹
토론에서 조용히 침묵을 지키는 것, 친구를 만나기 전에 술을 마시는 것,
아이들과 함께 집안 일을 하면서 몇 시간을 보내는 것 또는 TV를 시청
하는 것 등, 우리의 참 모습을 눈에 안 띄는 곳에 안전하게 숨긴 채로 이
세상과 만날 수 있도록 해주는 것이면 무엇이나 포함된다.

그림 1은 이런 개념을 쉽게 설명해 준다.

그림 1

여기서 "층"(lager)이란, 노출되는 데에서 우리를 보호해 주며, 우
리가 두려워하는 것이면 어떤 것에서든 회피하는 데 도움을 줄 수 있는
우리의 모든 "작위"(作爲)와 "부작위"(不作爲)로 정의된다.

사람들은 그들의 방어 꺼풀들에 숨어서 전 생애를 보낼 수도 있다.
즉, 그들은 치장할 보석이나 넥타이를 선택하듯이, 무엇이 상황에 들어맞
는지를 결정하면서 인생을 보낼 수도 있다. 사람들은, 대화를 위한 이
전의 시도들이 만족할 만한 논증(論證)에 이르지 못했다는 이유 때문에

그들의 배우자들과 대화하기를 거부할 수도 있다. 이 경우에 있어서 "말
하지 않는 것"은 하나의 꺼풀, 즉 충돌을 피하기 위해 고안된 방어의 방
법이 된다.

　　어떤 사람들은 그룹 성경 연구에서 결코 자신의 의견을 말하지 않
을 수도 있는데, 그것은 자신의 의견이 웃음거리가 되거나 또는 틀린 것
으로 드러날지도 모르기 때문이다. 이러한 층이 하나의 삶의 방식이 될
때 우리는 그렇게 행동하는 사람을 가리켜 "수줍어한다"고 말할 것이다.
또 어떤 이들은 기회만 있으면 자기의 생각을 말로 표현하면서, 남들에
게 주목받는 재미로 살아간다. 이들에게 있어서는 "말을 많이 하는 것"
이 남들의 주목을 받음으로써 "거부당함"을 방어하기 위해 고안된 층이
다.

　　많은 양심적인 그리스도인들은 이와 동일한 두려움의 압박을 받아
가면서도 가정 생활을 제대로 꾸려나가기 위해 분투하면서, 조각조각 나
누어진 가정을 하나로 뭉치기 위해 최선을 다한다. 그러나 이런 선의(善
意)의, 때로는 영웅적인 노력들조차도 실패를 막고자 하는 "통제의 층"
(layer of control)일 수 있다.

　　그렇다면, 층들로 둘러싸인 그리스도인들이 함께 모일 때 어떤 일
이 일어나는가? 우리는 그것을 그림 2로 나타낼 수 있다.

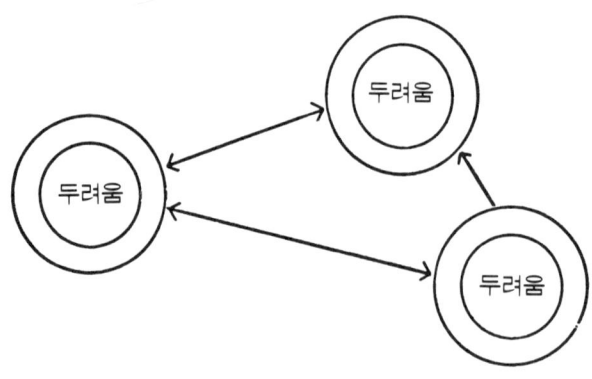

그림 2

우리가 고안해 낸 방어 수단들 뒤에 안전하게 숨어 있겠다는 결심 때문에 우리는 서로 "꺼풀"의 수준에서 만나게 된다. 우리는 무엇보다도 폭로되는 것을 피하고, 남들에게 받아들여지는 존재로 보이며, 우월한 입장에서 남들을 상대하려고 애쓴다.

그리스도인들이 보호를 위한 가면을 쓰고 서로 간에 행동할 때, 그들은 "층 대(對) 층의 교제"(layer-to-layer fellowship)를 경험하게 된다. 이것은 연인들이 유리창을 사이에 두고 입맞추는 것과 동일하다. 우리의 층들을 그대로 간직한 채 대화를 나눈 후에 우리는 불만족과 거리감, 그리고 무감동과 피상적임을 느끼는 동시에 안전감을 느낀다.

그러나, 안전감을 얻기 위한 대가는 너무 비싸다. 우리의 꺼풀들을 두른 채 대화하는 것은 "피상적 공동체"(surface Community)를 만들어 낸다. 그러한 대화는 자갈 하나가 대양(大洋)에 영향을 끼칠 수 없듯이, 우리의 내적인 존재를 움직일 수 없는 피상적인 상호 교통(inter-changes)만을 유지할 뿐이다.

아주 빈번히 층을 가진 성도들의 공동체는 어떤 류의 층이 권장할 만한가를 규정함으로써 문제를 더욱 어렵게 만든다. 어떤 교회들에 있어서는 교인들이 언제나 명랑하고 긍정적이고 기분 좋은 상태에 있어야 한다. 또 어떤 교회에서는 겸손하려고 애쓰는 것이 높이 평가되기도 한다. 때로는, 올바른 층이 특정한 방법으로 하나님과 더불어 일정한 시간을 보내는 것으로써 구성되는 경우도 있고, 때때로 그 층이란 것이 교회가 인정하는 기도 노우트일 수도 있다.

이런 경우들에 있어서 교제는 일정한 목표에 얽매이게 되고, 인정을 받으려면 이 목표를 달성해야 한다. 그리스도의 피로 값 주고 산 성도들이 보다 더 용납되기 위한 특정한 조건들을 규정하는 것이 얼마나 잘못된 것인가! 사도 바울의 시대에 있어서는 할례가 하나의 층이었다. 나는 그가 갈라디아의 유대주의자들(Judaizers)의 층들을 심각하게 생각했듯이, 그만큼 우리의 층 역시 심각하게 생각하리라고 본다 (갈라디아서 5:1-12).

압박을 받는 그리스도인들이 그들의 층을 특정한 표준들에 맞추려고 애쓸 때, 피상성(superficiality)은 더욱더 피상적으로 변한다. 많은 이들은 좌절과 피곤에 빠져서 "나는 그 표준에 미칠 수 없어요"라고 말한

다. 반면, 일부의 사람들은 그 표준에 도달되어 "영적인 엘리트" 계층에
속하게 된다. 또 어떤 이들은 바이스(vise - 기계용어)와 같이 조여드는
교회의 압력보다는 이완시켜 주는 희극적인 TV 프로그램을 더 좋아하기
때문에, 주일이면 예배에 불규칙적으로 참석하게 된다.

　　"격려"는 어떤 모임이 피상적 공동체로 흐르는 것을 막아줄 것이
다. 만일 교회가 격려의 장소로 변화되고자 한다면 피상적인 교제는 의
미있는 만남으로 변화되어야 한다. 다음 장(章)은 다음과 같은 문제들을
다룰 것이다. 어떻게 우리는 꺼풀(layer)로 둘러싸인 교제를 성령의 인도
가운데 하나님과 및 다른 이들과 더불어 누리는 교제로 바꾸는 필수적인
변화를 만들어낼 수 있는가?

요 약

사람들은 거부당하는 것을 두려워한다. 그렇기 때문에 그들은 자신들의
좋은 면(面)을 보여 줌으로써, 즉 남들에게서 인정받기 위하여 만들어
낸 방어층을 구축함으로써 "거부당함"을 면하려 애쓴다.

　　우리는 자기 자신을 보호하려는 의도를 가지고 우리의 언어를 사
용한다. 그러한 의도를 가지고 사용되는 말은 우리 자신의 잇속만을 차
린다. 그러므로, 그런 꺼풀을 쓰고 말하는 것은 죄악된 것이다. 그런 말
은 우리가 다른 이들의 어려움보다 우리의 어려움에 더 큰 관심을 갖고
있다는 것을 말해 준다.

　　"꺼풀을 뒤집어 쓴 그리스도인들"이 모일 때, 그들의 목적은 상대
방으로부터 자신을 보호하는 것이거나, 또는 자기들의 자존심을 세우는
데 남들을 이용하는 것이다. "층 대 층의 교제"는 피상적 공동체, 즉 사람
들이 진정으로 서로간의 교제를 나눌 수 없는 관계 구조를 만들어 낸다.
피상적 공동체에서는 서로를 격려하는 일이 있을 수 없다.

　　우리가 모일 때에 서로를 격려하고자 한다면, 우리는 피상적 공동
체를 성경적인 교제로 바꾸어야만 한다.

4
전적인 개방 :
그릇된 해결책

격려하는 기술을 배울 수 있기 전에 우리는 말이 상대방에게 격려해 줄 수 있도록, 깊이 영향을 끼치는 분위기를 만드는 데에 우선 관심을 가져야 한다. 그렇게 하기에는 피상적 공동체를 유지하는 사람들 간의 방어벽을 무너뜨리는 일이 요구된다. 층에서 층으로 건네지는 말은 남에게 큰 격려를 주는 말이 되지 못하는 경우가 허다하다.

만일 사람들이 노출을 두려워하여 서로 방어 층을 가지고 있는 상태라면, 꺼풀이 있는 교제에 대한 해결책은 우선 두려움의 문제부터 해결해야 한다. 이 문제에 대한 해결책을 찾는 과정에서 우리가 그릇된 방향으로 나아갈 가능성이 있는 것이 바로 이 시점(時點)에서이다.

나눔(Sharing)의 폐단

나는 몇 번인가 모임에 가서 사람들에게 다음과 같은 질문에 대한 대답을 글로 써보라고 했던 적이 있다. "당신이 다른 이들에게서 가장 두려움을 느끼지 않는, 다시 말해서 가장 편안하고 부담없고 안전하다고 느끼는 때는 언제이며, 또 어떤 곳에서인가?" 소수의 사람들은 질문에 대해 그들이 혼자 있는 시간들을 열거하였으나, 대부분의 사람들은 자신들을 받아 줄 것으로 믿을 수 있는 사람과 함께 있는 순간들이라고 대답했다. 일반적으로, 우리가 가장 편안함을 느끼는 것은 우리의 경계심을 풀고, 결코 우리를 거부할 것으로는 믿어지지 않는 사람과 더불어 아주 자연스럽게 지내는 때이다.

이러한 일례로서, 어느 날 저녁 우리 집에서 있었던 일이다. 온 가족이 "층"(layer)에 대한 가장 주도식(Head-of-the-Home-type)의 강연을 참을성있게 듣고 난 후에, 내 아들이 "제가 여러분과 함께 있을 때에는 꺼풀이란 것들을 가질 필요가 없어요. 왜냐하면 저는 여러분이 저를 사랑하신다는 것을 알기 때문이죠"라고 말했다. 그 같은 말은 부모의 마음에 따스한 애정을 일으키기에 충분하다. 그리고 우리를 사랑하는 사람과 함께 있을 때, 두려움을 가장 적게 느끼는 것이 사실이다. 사랑이 있는 분위기 속에서 우리는 자유로움을 느끼기 때문에 진실해질 수 있고 "거부당함"에 대한 두려움 없이 우리의 꺼풀을 벗어버릴 수 있다. 이런 분위기 속에서는 친밀감이 자연스럽게 자라날 수 있다.

이제, 이런 개념에서 출발하여, 그것을 더욱 발전시켜 보자. 많은 사람들이 다음과 같이 추론할 것이다.

나는 편안함과, 두려움에서 해방된 기분을 느끼고 싶다. 아스피린이 뇌종양을 치료해 줄 수 없듯이 나의 층들이 두려움의 문제를 해결해 줄 수 없음을 나는 인정한다. 나의 층들은 단지 나의 고통을 마비시켜 줄 뿐이다. 나는 나의 꺼풀을 벗겨 내고, 거부당함에 대한 두려움이 없이 나의 가장 깊은 감정을 노출시킬 수 있는 관계를 열망한다. 그러므로, 나는 아무런 두려움도 없이 터놓고 지낼 수 있는 개인이나 모임을 찾아보겠다.

이런 추론에 함축된 뜻은 명백하다. "피상적 공동체"의 문제를 해결하고 층이 없는 관계를 맺고자 한다면, 우리는 노출의 위험을 무릅쓰고라도 두려움을 뚫고 앞으로 나아가야 한다. 우리는 다른 이들과 개방적인 관계를 확립하기 시작함으로써, 결국은 그들이 우리의 모습 그대로를 받아들일 때까지 계속해서 노력해야 한다.

거부당함이 없는 완전한 자아 표현을 이렇게 추구할 경우, 그 결과가 어떠할 것인지에 대해 생각해 보자. 그룹 요법(group therapy)이 인기를 끄는 것은 그것이 모험이 없이도 개방성(openness)을 획득할 수 있기 때문이다. 매춘부들은 돈으로 살 수 있는 "용납됨"(acceptance)을 제공함으로써 생활비를 번다. 심리요법을 비판하는 어떤 사람은, 상담이란 돈으로 우정을 사는 것이라고 묘사했는가 하면, 심리학적인 매춘이라고도 불렀다. 왜냐하면 미리 수수료를 지불한 환자는 자기의 기괴한 변덕스러움이나 격렬한 감정을 그대로 전부 쏟아 놓을 수 있으며, 치료자는 그것에 대하여 아무런 비판도 하지 않기 때문이다.

유익하고도 필요한 일이 심히 왜곡되어 있음이 분명하다. 우리 자신의 모습을 그대로 간직한 채로 받아들여 지기를 바라는 것, 그리고 우리의 추함을 알면서도 우리를 피하지 않을 사람을 발견하고 싶은 소망은 잘못된 것이 아니다. 우리 모두는 그것을 원하며, 또한 필요로 한다. 복음의 복된 소식이란, 그리스도께서 자신의 죽음과 부활을 통하여, 하나님께서 친히 우리의 모든 모습을 아시면서도 우리를 영접하시는 일을 가능케 하셨다는 것이다.

우리로 하여금 안전감을 느낄 수 있도록 해주는 관계를 갈망하는 것은 정당한 일이다. 그러나, 만일 그런 갈망 때문에, 우리가 그리스도인 형제와 자매들에게 우리의 모습을 더욱더 많이 공개한다면, 우리는 그릇된 방법을 시도하는 것이다. 그럴 경우, 우리는 우리가 필요로 하는 "용납됨"을 위하여 하나님보다는 서로 서로를 더 의지하게 된다.

이런 일이 발생할 경우, 우리의 교제는 하나님께서 의도하시는 것과는 다른 것이 되고 만다. "서로 간의 나눔"을 강조하는 많은 교회들은 종종 코이노니아(Koinonia / 그리스도 안에서 서로의 삶을 나누는 것)의 의미를 오해한다. 흔히들 "서로 간의 나눔"이란, 하나님과 및 다른 이들의 복리를 위하여 계획성 있게 헌신하지는 않고 단지 솔직하게 감정을 표현하는 것에 중점을 두는 것으로 이해된다. 이것은 심각한 문제이다.

만일 회중이 전에는 속에 감추었던 감정들을 대담하게 노출시킴으로써 서로 간에 친밀한 관계를 형성하기를 시작할 경우에 어떤 일이 발생할지를 생각해 보자. 목회자가 성경 본문을 마치 "함께 모이기를 폐하지 말고, 정직하게 자신들의 모습을 서로간에 개방함으로써 서로를 격려하라"는 것처럼 읽고 설교하면서, 성도들에게 따뜻하게 서로 연합하라고 설득력있게 권면했다고 가정해 보자.

저녁 예배 후의 친교 시간에 한 여인이 다른 여성에게 무슨 할 말이 있는듯 성큼성큼 걸어가서는 심호흡을 한 다음 이렇게 흉금을 털어놓을 것이다. "할 말이 있어요. 저는 당신에게 정직했던 적이 결코 없었어요. 여러 달 동안 당신은 매주일 몇 번씩이나 내게 전화를 했었지요. 그리고 나는 내가 당신의 전화를 환영하며 즐거워한다고 늘 말했었지요. 하지만, 그것은 사실이 아니예요. 나는 당신의 지루한 잡담과 심술궂은 불평을 참고 견디었던 거예요. 그렇게 해야 한다고 생각했기 때문이었죠.
이제 나는 내가 단지 거짓된 행동을 했을 뿐이라는 것을 알았어요. 그래
서 나는 사실을 사실대로 밝히고 싶어요."

　　교제 장소의 다른 쪽 구석에서는 한 남자가 생각에 잠긴 듯이 커
피를 조금씩 음미하면서 마시더니, 커피잔을 받침 접시 위에 내려놓
고 옆에 있는 다른 남자에게 이렇게 말한다. "죠지, 당신에게 솔직히 할
말이 있소. 당신은 다음 주에 골프를 치자고 내게 제안했었고, 나는 거
기에 동의했잖소. 나는 당신의 제안에 수 차례에 걸쳐 동의했지만, 사실
그것은 오직 내가 당신에게 솔직하게 나의 심정을 말하지 않았기 때문이
오. 나는 네 시간 동안 당신과 함께 골프 치는 것이 즐겁지가 않소. 퍼
트(putt)를 놓쳤을 때 당신이 어린애처럼 짜증을 내는 것, 내 점수를 문
제삼는 당신의 태도, 당신의 끊임없는 어리석은 농담들은 참으로 거북살
스럽소. 사실, 나는 이런 감정을 이미 수 개월 전에 당신에게 털어놓았
어야 했다고 생각하오."

　　이런 나눔의 병(病)은 전염병처럼 즉시 퍼져나갈 것이다. 주위의
사람들과 잘 어울리지 않는 사람으로서 자제력이 있는 몇 명을 제외하고
는 회중의 모든 사람들이 앞을 다투어 가면들을 벗을 것이다. 그들은 자
신들의 진정한 모습을 공개하는 것이 어떤 결과를 가져올지에 대해서는
전혀 개의치 않는다. 그들은 현대판 르네상스인들, 즉 대담하고 겁이 없
고 우기기 잘하고 독단적인 사람들이 될 것이다. 이렇게 되면 피상적 공
동체의 문제는 해결되겠지만, 공동체 내에는 깊은 적의와 불화가 존재할
것이다.

　　물론 이러한 예는 약간 과장된 것이기는 하지만, 이야기의 초점은
결코 과장된 것이 아니다. "전적인 개방"(total openness)이라는 의도적인
해결 방법은 해결하고자 하는 문제보다 훨씬 더 큰 문제들을 야기시킨다.
전적인 개방은 피상적 공동체 대신 분열된 공동체를 초래하며, 결국은 공
동체를 무너뜨리고 말 것이다. 전적인 개방은 꺼풀로 둘러싸인 교제의 문
제를 해결하는 방법이 못 된다.

　　그리스도인들은 서로 간에 나누는 삶을 산다. 우리 모두는 신(神)
의 성품에 참여한 자들이며, 동일한 성령이 우리 모두 안에 거하시며, 우
리는 동일한 주(主)를 섬기며 동일한 대의(大意)를 옹호하며 동일한 책
(Book)에 순종하며 같은 운명을 예기(豫期)한다. 우리는 교제 속에서

우리의 공통적인 유업의 실재(實在)를 체험해야 한다. 그러나, 우리가 "나눔"(sharing)의 의미를 격하시켰기 때문에, 현재 그것은 "그리스도를 서로에게 보여 주는 것"이 아닌, "우리 자신들을 드러내 보이는 것"을 의미하게 되었다.

"나눔"이란 단어가 우리 복음주의적인 어휘 가운데서 일상적인 것이 되었고, 이 단어는 "거룩, 주(主)되심, 순종 그리고 훈련"같은 단어들보다 더욱 자주 듣게 되는 것 같다. 그래서, 나는 격려하는 공동체를 증진시킬 방법으로서 "나눔"을 강조하는 것이 위험스럽다는 점을 밝히고자 한다. 최소한 두 가지의 경고가 주어져야 한다.

1 무엇보다도 먼저 다른 사람들의 유익을 위해 헌신하는 일이 선행되지 않고 감정만을 서로 나눈다면 공동체는 연합되지 않고 오히려 분열된다.

우리 시대의 큰 문제들 중 하나는 충동을 억제하는 힘이 약하다는 것, 즉 일상적인 말로 표현하자면 의지력(意志力) 또는 자기 훈련이 결여되어 있다는 것이다. 언제라도 베스트 셀러 제10위까지의 책들을 살펴보면, 보통 다이어트(dieting)에 관한 제목들이 몇 가지씩 눈에 띈다. 절제를 요구하는 연습에 관한 책들이 왜 그토록 인기가 있는가? 현대인들은 내부의 충동을 억제하는 데 약한 것 같다. 과자를 보고 군침이 돌게 되면 반드시 그것을 먹지 않고는 못 배긴다.

그런데 이런 문제는 비단 음식물에 관한 것만은 아니다. 신실한 그리스도인들도 정욕에 굴복한 나머지, 이발소의 의자에 앉아 자기 차례를 기다릴 때에 슬그머니 『플레이보이지』(Playboy 誌)를 본다. 주부들도 세탁물을 개는 일은 미루어 놓고는 대신 TV 연속극을 보고 싶은 유혹에 시달린다. 집안의 허드렛일을 완전히 끝마치기 전에 쉬고 싶은 욕구가 강하기 때문에 세탁물은 정돈되지 않은 채로 남아있게 된다.

우리는 욕구라고 하는 강한 바람에 이리 저리 휘둘린다. 그러나, 사도 바울은 우리가 더이상 육체의 정욕과 마음의 요구에 따라 살지 말아야 한다는 것, 그리고 우리가 전에는 죽었으나 다시 살아서 하나님의 능력으로 힘을 얻어 순종의 삶을 살 수 있게 되었음을 상기시켜 준다(에베소서 2 : 10). 그런데도, 이것이 그토록 많은 사람들에게 있어서는 하나의 사실이라기보다는 단지 미사 여구(美辭麗句)로만 들리는 것은 무슨 까닭인가 ?

　　자제력의 결여에 대해 책임을 져야 할 주요 죄인(罪人)들 중의 하나는 "자기 표현(self-expression)의 바람직함"을 강조하는 우리의 문화적 분위기라고 나는 확신한다. 우리의 가치관은 지나치게 개방성(openness), 신빙성, 간명함, 주장, 성취 및 순수성 같은 이상(理想)들의 주변에서 맴돌고 있다. 그리고 우리에게는 희생적 헌신, 자기 훈련, 자기 부정적(自己否定的) 사랑, 순종 또는 자발적인 인내 같은 것들을 시대에 뒤진 개념들로 여기려는 경향이 있다.

　　우리의 힘이 "자제"보다는 "표현"에 더 투자되었기 때문에, 우리는 충동을 억제하는 방향으로 의미있게 헌신할 수 있는 능력이 서서히 약화되어 가는 것을 감수해야 했다. 어떤 신랑 신부에게 있어서는 결혼 서약서를 다음과 같이 바꾸어 쓰는 것이 그 진정한 취지를 더 잘 반영해 줄 것이다. "아마도 나의 애정이 식지 않는다면, 나는 당신을 영원히 사랑할 것입니다."

　　어떤 모임이든지, 그것이 부부, 친구들, 또는 교회 직원들의 모임이든 아니면 성경 공부 모임이든 간에 자기 개방과 감정 표현을 탁월한 가치로 삼아서 강조한다면, 그들은 심각한 문제에 봉착하고 말 것이다. 하나님의 목적에 복종하는 데에 필요한 자제를 강조하는 것은 성품을 강화시켜 주며, 또한 가장 극심한 역경 속에서도 계속 충성하고 헌신할 수 있는 능력을 배양해 준다.

　　다른 이들의 유익에 대하여 관심을 가지면서 자신을 억제하는 데 헌신하는 견고한 바탕이 없이 서로의 감정만을 나누는 것은 거짓되이 용기 있는 『자기 중심주의』밖에는 아무것도 얻지 못한다. 혼인 서약이 없는 "육체적 벌거벗음"이 부도덕으로 이끌어가듯이, 다른 이들의 유익을 위한 헌신이 없는 "인격적 벌거벗음"은 결국 분열된 관계를 가져온다. 그것의 결과는 기껏해야 인위적인 연합일 뿐이고, 그나마 오래 가지도 못하는 것이다.

2 사람들이 꾸밈없는 솔직한 나눔에 우선권을 부여할 경우, 그들의 목적은 다른 이들이 그리스도 중심의 삶을 영위하도록 격려해 주는 관계를 발전시키는 것이기보다는 오히려 개인적으로 편안하고 자기 실현적인 관계를 발전시키는 것이다.

자아 실현은 자기 부정을 통하여 얻어진다는 것이 기독교의 역설이다. 우리가 좋아하는 사람을 찾게 될 때, 그리스도인의 교제의 기쁨은 메마르지 않는다. "교제"(relationships)란 단순히 서로간의 즐거움이라는 것보다 훨씬 더 깊이 있는 것을 기반으로 삼는다.

사도 요한은 그의 첫번째 서신에서, 그리스도인들의 교제는 단지 사람들 사이의 수평적인 관계를 포함할 뿐아니라 성부와 성자와의 교제도 포함한다고 가르친다(요한일서 1：3). 우리는 그리스도와의 교제에 대하여 이야기를 하면서도 그 심원한 의미가 인간 관계에서 서로 편안함을 느끼고자 하는 우리의 욕구로 인해 가려질 때가 너무나 많다.

우리는 서로가 함께 시간을 보내는 것이여하튼 그리스도와의 우리의 관계를 풍부하게 만들 수 있다는 것을 간파해야 한다. 이것은 마치 성장한 두 자녀가 그들에게 있어서 부모님들이 얼마나 큰 의미를 지니고 있는가에 대하여 서로 이야기하고 난 후에는 부모님이 더 친밀하게 느껴지는 것과도 같다. 서로간의 관계는 즐겁고도 자아 실현적인 것이 될 수 있고, 또한 그렇게 되어야 한다. 그러나, 우리의 교제의 기초는 "그리스도 안에서 함께 나누는 삶"인 것이다. 관계란 그리스도를 서로에게 반사시킴으로써, 서로를 하나님의 형상을 지닌 고귀한 자들로 대함으로써, 그리고 부족함에도 불구하고 서로를 받아들임으로써 그리스도를 더욱 아는 기회로 간주되어야 한다. 너무나 흔히 우리는 관계라는 것을 편안함을 느끼고 자아 실현의 정도를 체험하는 기회로밖에는 생각하지 않는다.

어떤 젊은 목회자는 일년 이상 "그룹 상담"을 공부하러 다녔다. 그 한 과정으로, 솔직한 감정 표현의 가치에 찬동하는 그룹에 참석하였는데, 그 그룹의 한 젊은 여성은 그 목회자가 얘기할 때마다 따스하게 수긍해 주었다. 그것은 아주 기분 좋은 일이었다. 눈물짓는 아내에게 시달림을 받으며 나의 사무실에 온 그는 이렇게 말했다. "아내와 함께 있을 때엔 도무지 즐겁지 않습니다. 내가 나의 모습을 아내에게 개방해 보일 때에 그녀는 비판적이거나 무관심합니다. 그러나, 이제 나는 나에게 깊은 자아 실현감을 느끼게 해 주는 여자를 만났습니다. 나는 나의 전부를 그 여자와 나눌 수 있으며, 그녀는 나를 받아들일 것입니다. 진정으로 솔직하고 사랑스런 관계의 기쁨을 맛본 지금, 저는 더이상 공허한 관계 속에 머물러야 할 이유를 느끼지 못합니다. 하나님께서는 내가 위선적인 결혼 생활보다는 오히려 사랑의 따스함을 느끼기를 원하실 것이라고 생각합니다."

이 사람의 도덕율은 무엇인가? 나는 그것을 "자아 실현의 도덕" (Morality of Fulfillment)이라고 부른다. 즉, 행위의 정당성은 그 행위가 만들어 내는 감정이 어떤 것이냐에 따라 결정된다는 것이다. 간단히 표현하자면, 그것은 기분 좋을 대로 행동하라는 식의 도덕이다.

순종을 통한 자기 실현

성경적인 도덕은, 자기 실현이란 순종을 통하여 성취할 수 있는 것이라고 주장한다. 물론 때때로 이것은 고통스런 일이기도 하다. 헌신의 가치보다도 개방성과 솔직한 나눔의 가치가 더욱 높이 평가될 때에는 성경적 도덕을 굳게 붙잡게 되기란 불가능하다. 자신들의 감정을 솔직하게 나눔으로써 층들을 제거하려는 시도는 다음과 같은 결과들을 가져올 것이 뻔하다.

1. 그것은 기껏해야 거짓된 친밀감을 가져올 뿐이며, 분열과 거리감을 점점 더 조장한다.
2. 그것은 관계를 통하여 자기 실현을 성취하려는 철저한 자기 중심주의를 가져오며 이것은 그리스도와의 관계의 충족성을 부정(否定)하는 것으로서 - 성경적 도덕으로부터 이탈하는 파괴적인 결과를 빚는다.

일찌기 루이스(C. S. Lewis)는 하나님을 알기 위한 기본적인 실험실이 곧 그리스도인의 공동체라고 말한 적이 있다. 그런데 그 그리스도인의 공동체가 피상적인 것일 때에는 그 목적에 도움이 될 수 없다. 그리고 우리가 전적인 개방성을 통하여 공동체를 심도(深度) 있게 하려고 노력한다면, 우리의 교제는 우리를 하나님께로 이끄는 데 실패할 뿐만 아니라 오히려 방해가 된다.

요 약

그리스도인들은 말을 사용하여 서로를 격려하는 법을 배워야 한다. 사람들이 상처를 받지 않기 위해 방어 층으로 자신들을 감쌀 때에는 말이 격려의 기능을 다할 수 없다. 자신을 보호하겠다는 필요성에서 비롯된 말은 자신의 잇속만을 차리는 것이며, 따라서 남을 격려해 줄 수가 없다. 사랑에서 나오는 말만이 격려의 효과가 있다. 사랑과 상호간의 관심이 넘치는 참된 공동체가 발전하려면, 층 대 층(layer-to-layer)의 교제가 제거되어야 한다.

그러한 교제에 대한 해결책은 우리의 꺼풀들을 벗어 버리고 모든 것과 감정을 서로에게 용기있게 노출시키는 것이 아니다. 물론 우리는 하나님 앞에 우리를 노출시키고 우리의 죄악됨을 고백해야 한다. 그러나, 사람들에게 자신을 "전적으로 개방하는 것"은 대개는 다른 사람들로 하여금 우리를 있는 그대로 용납하도록 만들고자 하는 욕구에서 비롯되는 잘못인 것이다. 우리가 필요로 하는 "용납됨"(acceptance)을 얻기 위해서 우리는 오직 하나님만을 의지해야 한다.

서로간의 관계 정립을 위한 하나님의 기본적인 접근 방식으로서의 전적인 개방성은 무엇보다도 자기의 유익을 먼저 추구하는 이기주의 및 인간 관계에서의 분열과 긴장을 만들어 낼 것이다. 피상적 공동체의 문제를 해결하려면 우리는 다른 방법을 모색해야 한다.

5
완전한 헌신 :
올바른 해결책

앞장들에서는 타인을 격려해 주기 위한 공동체를 개발하는 일이 간단한 문제가 아님을 보아 왔다. 사람들을 뜻있게 지속적으로 도우려 한다면 두세 가지의 방법으로는 효과를 볼 수 없다. 회중들은 교회에 속한 성도들의 관계를 더 좋은 방향으로 증진시키기 위해 많은 프로그램들을 시도해 왔지만, 프로그램들이라는 것이 문제에 대한 해답이 될 수는 없다. 모든 것을 가능케 하는 초자연적인 사랑이 바로 그 해답이다. 그러나, 우리는 그 사랑에 이르는 길을 놓치는 경우가 많다.

다음의 경우를 생각해 보자. 그리스도인 공동체를 통해 자기 믿음의 실체를 삶으로 실현하려는 진지하고도 단호한 욕구를 가진 일단의 하나님의 백성들이 함께 모였다. 그리스도를 알고자 하는 그들의 열망은 다른 모든 욕구들을 이차적인 것으로 만들 만큼 열정적이었다.

많은 기도와 연구 끝에, 그들은 서로를 격려하는 교제를 갖는 일이 가장 먼저 해야 될 일이라는 데에 의견이 모아졌다. 그들은 사랑과 선행에로 서로를 고무시키기 위해 모든 노력을 다할 것을 강한 결의로써 약속하였다.

그런데 그룹 구성원 중 노련한 한 사람이 "우리는 서로를 격려해야 한다는 사실에는 의견의 일치를 보았습니다. 그러나, 나는 어떻게 해야 다른 사람에게 격려가 되는지 확실히 알 수가 없습니다"라고 말하는 바람에 모임의 분위기가 주춤하게 되었다. 나머지 사람들도 이 사람의 말을 깊이 생각해 보고는 문제점이 잘 지적되었다는 사실에 동감을 표시했다. 과연 그리스도인들은 어떻게 서로를 격려하는가?

모임의 모든 사람들은 이 문제의 해답을 찾기 위해 그에 관해 읽고 생각하며 방책을 토론하기로 했다. 한달간의 연구 끝에, 그들은 해결책들을 한데 모아보았다. 그들이 내린 결론은, 대부분의 사람들은 단지 서로의 말을 귀담아 듣지 않는 것일 뿐이라는 사실이었다. 만일 그들이 하나님의 형상을 지니고 있는 존재로서의 인간의 가치를 진지하게 인식하려 한다면 그들은 사람을 사람답게 대해야 할 것이다.

그래서 그들은 눈과 눈으로 대화할 것, 솔직하게 질문할 것, 모두에게 유익한 시간이 되도록 각자 토론을 할 것, 자신이 들은 것을 확실하게 밝힐 것과 그외의 다른 대화상의 전략에 대한 목록을 작성했다. 그들은 이러한 방법들로 인해 서로를 존중하게 되고 서로의 가치를 인정하게 되며, 그리하여 서로에게 격려가 되어 줄 수 있기를 소망하였다.

한동안, 그들의 이러한 시도는 놀라울 정도로 잘 진행되어 갔다. 그 모임에는 온기와 친밀감의 물결이 넘실거렸다. 교제의 시간도 풍요로 왔다. 그런데 그들의 그런 친밀한 교제가 절정에 이른 듯하자, 언어상의 기교로는 극복할 수 없는 긴장감이 그 모임 전체에 퍼져나가기 시작했다. 모임의 구성원들은 자기들의 공동체가 무너져 가는 것을 지켜보면서 도대체 무엇이 잘못되었던 것인지 의아해하지 않을 수 없었다.

교회에 속한 많은 모임들이 이와 비슷한 경험을 갖는다. 처음에는 친밀한 가족적인 분위기를 형성하려는 노력이 열매를 맺는 것처럼 보인다. 그러다가 점차적으로 일체감을 잃게 되면 많은 그리스도인들이 당황하고 낙담한 채 공허와 환멸을 느끼게 되는 것이다.

출발점

내가 생각하기에, 그들의 문제점은 서로를 격려하는 교제를 나누는 데 있어 그 출발점이 잘못되어 있었던 것으로 본다. 대화상의 기교를 알고 그 것을 능란하게 사용하는 것이 시작점은 아니다. 만일 교회에 속한 모임에서 서로를 격려하는 일을 성공적으로 진척시켜 가기를 진실로 원한다면, 먼저 사람들 사이에 존재하는 관계의 본질을 오랫동안 면밀히 관찰해야 한다. 사람을 대할 때의 기술을 사용하는 것만으로는 근접해 보지도 못할 어려운 문제들의 핵심이 그 문제를 주의깊게 조사함으로써 밝혀질 수 있는 것이다.

사람들의 마음 속에는 자신들이 소망하는 일이 아무런 가치도 없

는 것으로 취급되지 않을까 하는 두려움이 자리잡고 있다. 그들은 상대
방을 향한 자신의 호의가 거절당하지 않을까, 실례가 되는 것은 아닐까,
하찮은 것으로 여겨지지는 않을까 하는 두려움을 마음에 품고 있는 것이
다. 자기 개인의 안전에 대한 본능적인 관심은 사람들로 하여금 감정적
층 (layer) 으로 자신을 감싸게 만든다. 감정적 층이란 모욕이나 비판으로
부터 자신을 지켜려는 보호막, 서로에게 좋게 보이려는 가면, 당황이나
혼란을 미리 막기 위해 꾸며진 겉모습, 남에게 결코 받아들여질 수 없다
고 생각되는 부분을 감추는 부자연스러운 모습을 말한다.

　　이러한 층들은 사람들 사이에 고집스럽게 자리잡고 있다. 세세한
기교나 표면상의 친숙함이 그 층들을 벗겨낼 수 있기를 바라는 것은 장
난감 콩알 총으로 우뚝 솟은 마천루를 겨냥하는 것과 다를 바가 없다. 타
인의 말을 듣고 긍정해 주는 기술을 가졌다 해도 그들 사이에 오고 간 말
이 한 층에서 상대방의 층으로 오고 간 말이라면, 그 기술은 지속적인 효
과를 갖지 못하며 두 사람 사이의 거리는 여전히 남아 있다.

　　거절당해 되돌아 오는 말로부터 자신을 보호하기 위해 친 보호막
은 자신에게서 상대방 마음의 중심에 가 닿을 격려의 말이 솟아나오는 것
까지도 막아 버린다. 만일 교회가 진정으로 서로에게 격려해 주는 공동
체가 되고자 한다면 이러한 피상적 공동체에 관한 어떤 일을 해결하는 것
이 가장 먼저 해야 할 일일 것이다.

　　우리는 4장에서 사람을 감싸고 있는 층을 벗겨 없앤 다음, 아무런
기교도 부리지 않고 우리의 모든 감정을 있는 그대로 서로에게 표현하는
것이 피상적 공동체에 대한 성공적인 방법이 아니라는 것을 보았다. 그
렇다면 해결책은 무엇인가?

에베소인 들에게 보내는 사도 바울의 말에 주목해 보자.

　　"무릇 더러운 말은 너희 입 밖에도 내지 말고 오직 덕을 세우는
　　데 소용되는 대로 선한 말을 하여 듣는 자들에게 은혜를 끼치게 하
　　라" (에베소서 4 : 29).

　　이 말씀에서 바울은, 너무나 기본적이고 평이하기 때문에 오히려
우리가 갈팡질팡하게 되는 인간 관계 상의 문제에 대한 해답을 우리에게

제시하고 있다. 내가 이해하기로는 바울의 말은 다름이 아니라, 우리의
입에서 나오는 모든 말은 그 말을 듣는 사람을 올바로 세워 주려는 목적
에 부합되는 말이어야 한다는 것이다. 우리는 그 한결같고도 포괄적인
목표를 손상시키거나 방해하는 말이라면 한 마디도 입에 담을 수가 없는
것이다.

    문제에 대한 바울의 해결책은 이러한 것은 안 된다라는 금지 부분
도 없이 우리의 모든 것을 속속들이 다 노출시키라고 하는 것은 아니다.
오히려 그는 우리 자신을 나누어 줄 것이 아니라, 다른 사람의 두려움과
그가 방어하는 것들과 그의 필요들을 이해하고 그 필요들을 채워 줌으로
써, 우리 주님을 나눠 주는 일에 헌신하라고 가르치고 있다. 이는 바울
이 성경의 다른 부분에서, 다른 사람을 자기 자신보다 낫게 여기라고 한
가르침과 일치한다(빌립보서 2 : 3 - 4).

    언뜻 생각하기에, 완전한 헌신은 완전한 개방보다 간단한 일 같다.
나를 감싸고 있는 층을 제거하려고 노력하면서 내가 느끼는 것을 모두표
현하는 대신, 나는 다른 사람을 감싸고 있는 층의 기저(基底)와 그사람
이 두려움을 느끼는 부분에까지 가 닿을 말을 하는 일에 더 관심을 두게
되는 것이다.
    그러나, 완전한 헌신이라는 이 해결책을 취하는 데는 실질적인 장
애가 있다. 바울의 생각은 지극히 명확한 동기를 개발할 것과 우리가 하
는 말의 목적을 조절할 것을 요구하고 있다. 그는 무슨 말을 해야 하는
지에 대해서는 말해 주지 않고, 다만 우리가 하는 말의 배후에 있는 동
기가 어떤 것이어야 하는지에 대해서만 말하고 있다.
    그것은 좀 골치아픈 일이다. 말의 내용보다는 왜 그런 말을 하는
가에 대해서 보다 많은 관심을 쏟아야 한다는 것이 바울의 말인 것이다.
사실, 단순히 옳은 일을 행하는 것이 옳은 동기를 개발하는 일보다 훨씬
간단하다. 우리의 심성 속에 비축된, 이용 가능한 동기들은 이기심과 개
인주의로 오염되어 있다. 뿐만 아니라 행동의 배후에 있는 진정한 이유
들은 분별해 내기가 어렵다. 그리고 무엇보다도 우리의 마음은 기만적이
고 사악하다. 실제로 진짜 목적은 그게 아닌데도 불구하고 그것이라고 자
기 자신을 설득시키는 놀라울 정도의 능력을 우리는 갖고 있다.

완전한 헌신: 올바른 해결책 59

"난 당신을 정말 사랑해"와 같은 말은 상대방도 그와 비슷한 말을 자신에게 해주리라는 감춰진 의도에서 하게 되는 말일 것이다. 또는 "당신이 제게 해주신 일에 대해 진심으로 감사드립니다"라는 말은 "다시 한 번 그렇게 해주시기를 바랍니다"라는 말로 해석해도 좋을 것이다. "어어, 만나서 반갑군" 등과 같은 간단한 인사말도 사실상 진정한 온정을 전해 주려는 것이라기보다, 사회 생활에서 생기는 자신의 신경과민을 진정시키려는 노력의 하나라고 할 수 있을 것이다. 우리가 의식하지는 못하지만 우리가 하는 말들은 그 자체가 타인에게 중심을 둔 고상한 말로 들린다 해도, 사실은 자기의 무언가를 성취하려는 의도에서 하는 말들이다.

성경은 냉정하게 자신을 성찰할 것을 명한다. 그러나, 초자연적 도움이 없다면 우리의 노력은 헛 일이 될 것이다. 우리는 그저 혼란과 실의와 싫증에 빠질 뿐일 것이다. 오직 하나님만이 우리 마음 속에 감춰진 동기들을 구별해 내실 수 있다. 그분 말씀의 양날 가진 검은 우리 내부의 생각과 의도를 우리에게 나타내 보여 주기 위한 성령의 도구이다 (히브리서 4 : 12).

우리는 하나님 앞에서 감정적으로 적나라해져야 하며 우리의 있는 모습 그대로를 드러내야 한다. 히브리서 4장 13절에서는 이렇게 말하고 있다. "지으신 것이 하나라도 그 앞에 나타나지 않음이 없고 오직 만물이 우리를 상관하시는 자의 눈앞에 벌거벗은 것같이 드러나느니라."

"벌거벗은 것같이"라고 해석된 말에는 우리의 머리에 타격을 가하고자 하는 적들 앞에서, 상처입기 쉬운 목구멍이 보일 정도로 머리가 뒤로 홱 젖혀진다는 개념이 담겨 있다. 하나님은 현재 우리의 있는 모습 그대로를 알고 계시다. 우리는 우리가 하나님께 알려지는 과정에 참여해야 하며 거룩하신 하나님의 비판을 의식적으로 받을 수 있게 되어야 한다.

서두르지 않고 진지하게 숙고하는 시간을 갖는 것, 성경을 통해 말씀하시는 성령의 인도와 통제를 받는 것은 우리의 참 동기를 분별하고 올바른 동기를 갖는 데 있어 절대 필수적이다. 우리는 사람들과 상호작용할 때 우리가 진정으로 목적하는 바가 무엇인지를 민감하게 알아차릴 수 있게 되어야 한다. 그렇지 않으면 우리는 하려는 일을 그 동기로 조절받으라는 바울의 명령을 따를 수가 없게 된다.

한 꺼풀의 층을 사이에 두고 친교를 맺는 사람들 사이에 진정한 격려의 기회를 창출해 주는 유일한 해결책이 있다. 즉, 타인의 삶에 사용되는 하나님의 도구로 완전히 헌신하는 것이다. 성령으로 이끌린, 성경에 의해 분발된 자아 성찰이 아니고는 우리로 하여금 우리가 하는 말이 자기 본위의 말인지, 아니면 성취하려는 소망에 의해 고무된 말인지를 분별하게 해줄 수 있는 것이란 아무것도 없다.

따라서, 완전한 헌신이라는 해결책은 먼저 우리가 가진 동기에 대하여 다룰 것을 우리에게 명하고 있다 하겠다. 그러나, 이는 우리로 하여금 새로운 곤경에 부딪히게 한다.

누가 우리를 격려할 것인가?

우리는 우리의 숨겨진 동기를 예리하게 분별해 낼 수 있는 능력, 우리 자신을 우리 임무의 목표 지점에 이르기까지 뜻있게 헌신시킬 수 있는 능력을 키울 수는 있다. 그러나, 자기 자신의 필요와 자기 자신의 상처에 대해서는 어떻게 해야 하는가? 용납되는 것에 대한 두려움과 열망, 여전히 우리로 하여금 꺼풀을 쓰게 만드는 그것은 어떻게 처리해야 하는가? 완전한 헌신이라는 해결책이 다른 사람을 격려하기 위한 발언의 기초를 제공해 주고는 있지만, 정작 우리 자신은 누가 격려할 것인가?

우리는 자동차를 몰고 장거리를 달릴 수 있다. 그러나, 어느 지점에선가 자동차의 개스 탱크를 채워 주어야 할 필요가 있다. 우리는 주고 또 주고 또 다시 줄 수도 있다. 그러나, 우리가 반대로 무언가를 받지 못하는 한, 자동차는 요란한 소리를 내며 도로 한복판에 멈춰 서고 말 것이다. 우리가 가진 감정의 개스 탱크도 채워 주어야 할 필요가 있는 것이다.

대부분의 사람들처럼, 나 역시 하루 일을 마치고 집으로 돌아왔을 때 기진함과 피로를 종종 느낀다. 때때로 나의 상담 작업이 실패했다는 느낌을 갖게 될 때는 더 큰 부담을 느낀다. 이를테면, 몇 달 동안 내가 상담을 맡아 주었던 한 부부가 이제 상담을 중지하겠다고 알려 오는 그런 경우이다. 그런 날에는 집의 문턱을 넘어서면서 나는 정말 더이상 일에 대해 의욕을 갖지 못하게 된다. 그럴 때면 나는 딱 20분 동안만이라도 석간 신문의 스포츠란을 보면서 가볍고 유쾌한 대화와 함께 저녁 식사를 했으면 하고 바란다.

아내는 "이제 오세요, 여보. 오늘 하루는 어땠어요 ? "라고 말하며 나를 맞는다. 나는 그녀의 귀에 들릴 만큼이나 큰 한숨을 내쉬며 대답한다. "난 지쳤어, 저녁식사는 뭐지 ? "

그런 내 말의 의도가 무엇인지 생각해 보라. 아마도 나는 아내가 나의 기진맥진한 상태를 알아차리고 동정심을 갖고서 대해 주기를 바랐던 것이리라. 그녀의 귀에까지 들릴 만한 한숨소리는 고장난 냉장고 애기를 다음 번으로 미뤄 주었으면 하고 바라는 마음에서 내쉰 것이다. 그런 때, 나는 아내의 필요가 아닌 나 자신의 필요에 우선권을 부여한 것이다. 그러나, 사도 바울은 그런 나의 행동이 잘못된 것이며 상황이 뒤바뀌었다고 말해 주고 있다. 나에게는 나의 필요가 아닌 아내의 필요가 제일 첫번째의 관심사였어야 한다. 나는 내가 하나님의 쓰임받는 존재로서 아내의 삶에 완전히 헌신하지 못했다는 점에 있어서 할 말이 없게 된 것이다.

내가 집에 들어설 때, 아내에게 해주어야 할 일을 나 자신에게 상기시켰다고 가정해 보자. 그리고 그밖의 상황은 다름이 없다. 나는 피곤하고 풀이 죽은 채 집에 돌아왔고 아내는 "오늘 어땠어요 ? "하며 나를 맞는다. 이제 나는 이렇게 대답한다. "여보, 오늘 하루는 정말 힘들었어. 그래서 좀 피곤해. 식구들을 만나기 전에 몇 분 동안만 쉬었으면 정말 좋겠구려."

이 말 속에는 내 임무의 목적과 조화되지 않는 말은 한 마디도 없다. 만일 내가 아내의 필요를 충족시켜 주겠다는 목표에 의식적으로 전념했다면 내 말은 바울이 제시한 기준에 합당한 말이다. 만일 아내가 그 순간에 그녀에게 당면한 어려움을 내게 알려야 했다면 나는 응당 그녀에게 응답해 주어야 한다. 그러면 하나님의 은혜는 가능한 한 적절한 대책을 마련해 주시는 것이다.

그러나, 이렇게 정당한 동기를 실현하면서 살려고 모든 노력을 다하는 중에도, 나는 여전히 내 자신의 감정적 결핍 상태를 예민하게 의식하고 있다. 몇 분 동안만 조용히 쉴 수 있게 해달라는 남편의 요청에, 그의 아내가 대뜸 앙칼진 목소리로 "당신은 언제나 당신의 하루일과가 내

일과보다 더 고단하다고 생각하는군요 ! 난 당신이 집안을 좀 깨끗하게
하고, 하루에도 수십 번씩 울려 대는 전화도 받고, 오늘 나온 식품들을 냉
장고에 채워 넣고, 현관 문 안팎에서 하루 종일 떠들어 대는 저 시끄러운
아이들을 돌봐 주는 것을 좀 보았으면 좋겠어요. 도대체 나는 언제 쉴 틈
이 나죠 ? ”라고 응수했다고 가정해 보라 .

그 말에 남편은 어떻게 대답해야 하겠는가 ? 성경을 덮어 둔 채 양
심을 잠재워 둘지라도 몇 가지 대답들이 떠오를 수는 있을 것이다. 그러
나, 에베소서 4장을 펼쳐 놓고, 또 우리의 양심을 성령의 인도하심에 개
방시킨다면 포위 공격을 당하고 있는 그 남편에게 어떤 조언을 줄 수 있
겠는지 생각해 보라. 문제는 다음과 같이 요약된다. 우리 자신의 필요
들이 충족될 것을 요구하고 있을 때에도, 다른 사람의 필요를 채워 줘야
하는 목표를 우리는 어떻게 견지해 나갈 것인가 ?

이 어려운 질문에 대답하기 위해 우리는 목표 (goal) 와 욕구 (desire)
라는 두 가지 개념의 차이를 구별해야 한다.

목표 대 욕구

“목표”(goal) 란 한 사람이 전념하고 있는 변경될 수 없는 목적이라 정의
할 수 있다. 그 사람은 목표에 대해 무조건적인 책임을 지며, 그 목표를
위해 기꺼이 일한다면 그것은 성취될 수 있을 것이다.

“욕구”(desire) 란 자신이 원하기는 하되 다른 사람의 조력없이는
얻어질 수 없는 그 무엇이라 정의될 수 있다. 사람은 욕구에 대해 아무
런 책임도 지지 않는다. 왜냐하면 욕구는 사람의 통제권 밖에 있는 것이
기 때문이다. 욕구에 도달했다는 것은 결코 행동의 배후에서 동기를 부
여하는 목적이 될 수가 없다. 그렇게 되면 사람은 자기 자신이 스스로
이룰 수 없는 무언가에 대해서도 책임을 져야 하는 것이 되기 때문이다.

토론에 들어갈 때마다 내 입장의 요점을 하나도 파악치 못하는 것
으로 생각되는 친구가 하나 있다. 때때로 나는 그 친구가 나의 말에 진
정 주의를 기울여 줄 수 있을 만큼만이라도 내 생각을 존중하고 있는지
의심을 가질 때도 있다. 한동안 나는 그 친구와 나의 의견이 서로 일치
하지 않는 문제에 대해 대화하게 될 때마다, 미칠 듯한 좌절감을 느꼈다.
왜 그러한가 ? 내 좌절감의 정체는 무엇인가 ?

　　내 말의 목표가 무엇이었겠는지 생각해 보라. 아마도 나는 내 친구가 내 의견에 꼭 동의하지는 않더라도 이해는 해야 한다는 것을 주장하고 있는 것이라 하겠다. 그렇다면, 나의 말들은 "나의 통제권 밖에 있는 목표에 이르려는 노력"이 된 것이다. 나는 그 친구에게 강제로 내 말을 이해시킬 수는 없다. 그로 하여금 내 말을 이해하고 싶어하게끔 만들 수는 더더욱 없는 일이다. 하지만, 그가 내 의견을 이해하게 만드는 것이 내 목표였다. 즉, 나의 동기는 그릇되어 있었던 것이다.

　　그 친구가 내 의견을 경청하기를 거절한 것은 아마도 그가 맞부딪히고 싶지 않은 문제를 대하게 되는 것으로부터 자기 자신을 보호하는 층(layer)을 나타내는 행위일 것이다. 이해를 얻기 위한 나의 분투적인 노력도 사실, 이해받지 못하고 있다는 느낌에서 오는 고통으로부터 나 자신을 방어하기 위한 나의 층(layer)이다. 사도 바울이 세운 기준에 의하면 나의 말들은 불건전하고 쓸모없으며 가치없는 것, 전혀 격려를 주지 못하는 말들이었던 것이다.

　　친구로 하여금 내 말을 경청하게 만들겠다는 나의 목표는, 목표에 대해 내가 내린 정의를 역행하는 목표이다. 오히려 그것은 욕구의 개념에 꼭 들어맞는다. 물론 나는 그가 내 말을 경청해 주기를 원한다. 그것은 그 자체로 봐서는 잘못된 것이 아니다. 그러나, 내 말을 들으라고 그에게 요구하는 것, 어쨌든 그는 내 말을 들을 필요가 있다고 가정하는 것은 잘못이다. 나는 내가 할 수 있는 한 그를 이해하는 것, 그리고 가능한 한 명백히 나의 입장을 밝히는 것을 내 목표로 삼기 위해 정신의 전선(電線)을 재접촉시켜야 한다.

　　그를 이해하는 것, 그리고 명백히 내 생각을 말하는 것 이 두 가지 목적은 그의 협조가 있어도 혹은 없어도 성취될 수 있다. 그가 내 말을 들어야 한다는 욕구는 목표가 아니라 욕구로서 제 자리를 지키고 있어야 한다.

　　"목표"란 우리가 그것을 향해 일해야 하는 대상을 말하는 것이며, "욕구"란 우리가 그것을 위해 기도해야 하는 대상을 말한다. 나는 나의 친구를 이해하기 위해, 그리고 내 생각을 솔직하게 표현하기 위해 일해야 한다. 그리고 그 목표를 향해 일해 나가면서 어느 날엔가 그 친구도 나를 이해할 수 있게 되기를 기도하는 것이다. 욕구를 위해서는 기도하고 목표를 위해서는 일하라.

우리가 집안 일에 시달린 아내의 마중을 받는 남편이든지, 일에 중독된 남편에게 무시당하며 인정받지 못하는 아내든지, 안락한 가정이 없는 외로운 독신이든지, 으레히 남에게 괴롭힘을 받는 친절한 그리스도인이든지, 그밖에 우리가 누구든 간에 우리는 목표와 욕구를 조심스럽게 구별해 내야 한다. 우리는 그토록 바라던 격려를 정당하게 갈망할 수 있다(욕구). 그러나, 우리는 우리의 의지가 타인을 격려하려는 목적을 추구하게 만들어야 한다(목표). 우리는 격려받고 싶어하는 우리의 욕구가 충족되어지기를(그리고 어떤 일이 생기든 하나님을 의지하기를) 기도해야 하며, 또한 다른 사람을 격려하기 위해 열심히 일해야 한다. 나의 욕구는 내가 격려받는 것이다. 나의 목표는 타인을 격려하기 위해 내가 할 수 있는 모든 일을 다 하는 것이다.

피상적 공동체에 대한 해결책은 우리가 성취해야 할 목표에 전적으로 헌신하는 것이다. 그러나, 그것이 문제 전체를 해결해 주는 것은 아니다. 나의 욕구는 거의 하나도 충족되지 않은 채로 남아 있다고 생각해 보라. 내 욕구를 채워 주지 않는데 내가 남을 채워 주려는 목표를 무한정으로 추구할 수 있겠는가? 다음 장에서 그 문제를 다뤄보기로 하자.

요 약

완전한 개방은 피상적 공동체의 문제점을 해결할 수 없지만 전적인 헌신은 해결할 수 있다.

완전한 헌신은 우리의 두려움을 줄이기 위해서가 아니라 타인의 두려움을 줄여 주기 위해, 혹은 그들의 필요를 채워 주기 위해 우리가 할 수 있는 모든 일에 우리 자신을 전념시킬 것을 요구한다.

완전한 헌신의 개념 속에는 우리가 하는 말의 배후에 있는 동기까지도 포함된다. 우리의 목적은 우리가 하는 특정한 말에 관심을 갖기보다 다른 사람의 필요를 채워 주는 일임에 더 중점을 두어야 한다. 자신의 동기를 자각하기 위해서는 성경을 연구하고 묵상하는 것을 통해서만 유용해지는 "영적 통찰력"이 요구된다.

우리는 타인에게 격려받으려는 우리의 욕구를 인지하는 한편 타인을 격려하려는 목표에 우리 자신을 전념시켜야 한다. 격려받으려는 우리의 욕구는 충족되지 않은 채, 타인을 충족시켜 주려는 우리의 목표를 견지해 나가기란 힘든 일이다. 하지만 그것은 가능하다.

6
격려하는 사람의 성품

우리가 그리스도인으로서 상호 작용할 때, 이를테면 점심 식사를 할 때나 주일학교의 수업 중에, 저녁 식사에 초대된 손님으로서, 혹은 전화 통화를 할 때 등, 우리는 자연스럽지 않은 일을 의식적으로, 그리고 앞뒤가 잘 맞게끔 행하는 경우가 있다. 그럴 때마다 우리는 남의 필요를 채워 주는 것이 우리의 목적이라는 사실을 우리 자신에게 상기시켜야 하며 새로이 우리 자신을 그 목적에 헌신시켜야 한다.

그러나, 그러한 헌신을 인정한다는 것은 우리가 말하는 모든 말들이 구구절절 성경의 글귀를 포함해야 한다는 의미는 아니며, 어떤 사람들이 기도할 때에 그러하듯 억지로 꾸며진 경건한 어조를 사용해야 한다는 의미도 아니다. 남의 필요를 채워 줘야 할 책임은 자연스런 상태를 벗어나지 않는 것이어야 한다.

테니스 시합을 하는 것, 열렬한 토론에 몰두하는 것, 타오르는 난로불 앞에 친구들과 모여 앉아 뜨거운 초콜렛 차를 마시는 것은 참으로 좋은 일이다. 나는 웃음과 평범한 농담까지도 꼼꼼하게 따져 회피하는 경직된 경건함, 이마를 찌푸린 명상적 태도를 권장하는 것이 아니다. 또한 나는 대화 가운데 "얼마나 큰 축복인가!" 혹은 "주님을 찬양하라!"와 같은 말을 아낌없이 사용함으로써 모든 대화가 가상적인 고차원의 수준에 이르러야 한다고 제안하는 것도 아니다. 만일 그러한 표현들이 자연스럽게 입에서 나온다면 그건 좋다. 그러나, 자연스러운 것이 아니라면 쓰지 않는 편이 더 낫다. 강요된 듯한 부자연스러운 고상함은 사실 전혀 고상한 것이 아니다.

남의 필요를 채워 주는 일에 헌신한 그리스도인들도 식사 준비를 하고, 친구들과 잡담하고 청구서에 적힌 금액을 지불하고 일을 해야 한다. 그러나, 그런 일상생활 가운데서도 우리는 다른 사람의 행복을 증진시키는 일에 계속해서 의식적으로 전념해야 하는 것이다. 모든 상황에 있어 우리의 말이 타인에게 미칠 영향에 대해 주의하고, 다른 사람의 필요를 민감하게 감지했음을 나타내는 말만을 가려서 하는 것은 그리스도인으로서의 우리의 책임이다. 우리는 우리가 하는 모든 일과 모든 말에 있어 타인의 필요를 채워 주려는 동기를 개발하고 유지하고 키워나가야 하는 것이다.

사도 바울은 모든 그리스도인들이 그리스도의 심판대 앞에 서야 할 일에 관하여 이야기할 때, 순전한 동기를 유지해 나가는 것이 얼마나 중요한 일인지에 대해 강조했다. 심판 때에 우리 주님은 우리가 여기 이 땅에서 행한 모든 일의 배후에 있는 동기를 밝혀 내실 것이며, 또한 그분은 경건한 의도에 의해 유발된 행동에 대해서만 상을 내리실 것이다(고린도전서 4 : 5). 그 밖의 다른 모든 것은 가치없는 것으로서 불에 태워질 것이다.

그러므로, 어떤 의미에서 우리가 어떤 일을 하는가는 왜 그 일을 하는가보다 덜 중요하다고 하겠다. 만일 한 낯선 사람을 맞을 때 그에게 목자와 같은 인상을 주려는 것을 목표로 한다면 나의 친절함은 보상을 받지 못할 것이다. 이러한 친절은 육의 열매이다. 내가 타인에게 관심을 갖는 일에 대해서 사람들이 치하해 주기를 바라면서도 그 낯선 사람의 마음을 따뜻하게 해주려는 목표를 유지한다면, 그리고 나의 욕구가 충족되든 안 되든 상관없이 그 목표를 추구한다면, 그 때 나의 친절은 진정한 사랑의 행위가 되는 것이다.

이는 고상한 기준이다. 정당한 동기를 갖는다는 것의 의미, 나에 대한 하나님의 요구 사항의 의미에 대해 깊이 생각해 볼 때, 나는 두 손을 치켜들고 그 기대치에 미치지 못한다는 사실을 인정할 수밖에 없게 된다. 나는 나 자신의 내면에서, 다른 사람이 나의 욕구를 충족시켜 주기를 요구하는 완강한 태도를 발견하는 것이다.

그러한 요구를 단순한 욕구로 변화시키는 것은 어려운 일이다. 목표와 욕구 사이의 차이점을 말로 나타내기는 쉽다. 그러나 실행하기는 어렵다. 그렇지만 나는 하나님께서 내 앞에 놓아 두신 목표를 추구하기 위해 오직 한 마음을 품는 결단을 해야 한다. 어떻게든 나는 나로 하여금 내 임무에 헌신케 하는 강한 성품을 개발해야 한다. 나의 욕구를 채워 주려는 사람이 아무도 없을 때조차도 역시 마찬가지이다. 이러한 성품의 힘은 과연 어디서부터 오는 것일까?

언젠가 나는 전쟁 포로들을 수용하는 강제수용소에서 근 3년 가량의 세월을 보냈던 한 남자와 이야기를 나눈 적이 있다. 감금되어 있는 동안 그 사람은 "너희 원수를 사랑하며 너희를 핍박하는 자들을 위하여 기도하라"는 우리 주님의 이상한 명령의 의미를 깨우치기로 마음먹었다. 감옥에서 보낸 기간은 성령께서 뜨거운 핍박의 불 가운데서 원수를 사랑할 수 있는 자질을 단련시키실 수 있는지의 여부를 시험해 볼 독특한 기회가 되었다. 그리고 성령께서는 정말 그렇게 하셨다. 결국, 그 친구는 자신을 핍박하는 자들의 행복을 순수한 마음으로 염려해 주는 법을 배웠노라고 말했다.

어떻게 우리는 그와 같은 성품을 형성할 수 있을까? 우리들 대부분은 우리를 사로잡아서 무자비하게 때리는 적을 사랑하는 것은 고사하고, 같은 그리스도인이라 해도 말이 너무 많은 사람에게는 사랑을 베풀기란 힘겨운 일로 느껴진다. 그러나, 만일 우리가 그리스도의 몸된 교회 내에서 진정한 격려자가 되고자 한다면, 우리의 욕구가 거의 하나도 충족되지 않은 상태에서도 다른 사람을 채워 주는 일에 헌신할 수 있을 만큼 강해야 한다. 그러면 어떻게 그렇게 될 수 있을까?

봉사에 수반되는 어려움

펜실바니아에서 살던 어린 시절, 나는 추운 겨울 아침에 일찍 일어나기를 좋아했다. 일어나서 옷을 입기 전에 나는 마루에 연해 있는 벽면에 달린 온풍기로부터 약 5피이트(5 × 30cm) 떨어진 곳에 아주 주의깊게 베개를 갖다 놓곤 했다. 그리고는 그 난방기 앞에 발을 쭉 뻗고 누웠다. 그러면 난방기에서 나오는 따스한 바람이 나의 맨발을 부드럽게 감싸며, 나는 이 세상에 아무런 걱정거리도 없이 만족감과 행복을 느끼며 잠이 들곤 했던 것이다. 그 온기를 즐기는 것은 나였고 그것의 값을 지불하는 쪽은 아버지였다. 나의 안락을 나 아닌 다른 사람이 전적으로 책임져 준다는 것은 무언가 깊은 만족감을 느끼게 해주었다.

지금은 상황이 좀 달라졌다. 북부 지방으로 이사오기 전에 우리 가족은 남부 플로리다에서 10년을 살았다. 당시 우리 집에 있던 냉방기(에어콘)가 작동할 때마다 나는 어쩔 수 없이 현기증나게 빠른 속도로 빙빙 돌아가는 전기 메타기의 모습을 생각하게 되었었다. 집안을 서늘하게 하기 위해 아버지가 땀을 흘리고 있는 동안, 이제는 내 아이들이 근심 걱정없이 안락함을 누리는 것이다. 북부 지방의 겨울날, 온풍기에서 불어 나오던 따뜻한 바람에 대한 기억은 우리 자신을 누군가의 염려에 전적으로 맡긴다는 것, 우리의 필요를 공급해 주는 다른 사람에게 의지한다는 것이 얼마나 기분좋은 느낌을 갖게 해주는지를 내게 일깨워 주었다.

나보다 더 강한 누군가에게 보살핌을 받고 싶다는 욕구는 인간 조건의 필연적인 부분이다. 자기 자신을 다른 사람에게 맡기고 싶다는 이 욕구는 너무 강해서, 우리는 의존할 만한 사람이 된다는 것에 대해 본능적으로 저항감을 느낀다. 그보다는 오히려 의존적인 사람이 되고자 하는 것이다.

그러나, 의존할 만한 사람이 되는 것이 바로 완전한 헌신이 요구하는 바이다. 타인에게 봉사하기 위해, 다른 사람이 내게 헌신해 주기를 바라는 이 본능적인 욕구에 나는 저항해야 하는 것이다.

자기 자신을 의식할 수 있을 만큼 오랫동안 고요히 앉아 있으면 우리는 누군가의 강력한 힘 안에서 휴식하고 싶다는, 친절한 은혜를 베푸는 사람에게서 오는 따스함 속에서 안락함을 느껴보고 싶다는 거의 감상적인 욕구를 발견하게 된다. 타인을 위해 봉사하는 데 뒤따르는 문제의 한 부분은 다음과 같다. 즉, 내가 남의 필요를 채워 줘야겠다고 결심하면 할수록 나는 누군가 나를 돌보아 주었으면 하는 욕구를 더욱 고통스럽게 의식하게 되는 것이다.

그런데 항상 타인의 필요에 관심을 가지라는 바울의 명령은 이 진심어린 욕구의 실재를 냉담하게 무시하고 있는 것으로 보인다. 만일 다른 사람을 돕는 일에 헌신하기로 했다면 나는 절대로 내 자신을 남에게 맡겨서는 안 되는 것이다. 하지만 나의 영혼은 그것을 갈망하고 있다. 어린 아이였을 때, 나는 결코 연료비를 지불해야 할 걱정을 하지 않았었다. 부모의 능력에 그렇게 자신을 맡기는 것은 기분좋은 일이었다. 그렇지만

나 자신을 누군가에게 맡긴다는 것은 그 사람의 행복에 대해서는 아무런
관심도 갖지 않는다는 것을 의미한다.

　　남에게 봉사하라는 이 요구에 따르는 진정한 문제점은, 내 말이 남
에게 미칠 영향을 무시하는 일이 내게는 허용되지 않았다는 점이다. 즉,
이 세상에는 내가 온당하게 나 자신을 맡길 수 있는 사람은 단 한 사람
도, 그야말로 단 한 사람도 없는 것이다. 나의 말이 언제나 다른 모든 사
람의 필요에 부합되어야 한다는 사실을 나는 깨달아야 한다. 그러나, 나
는 내가 타인에게 주는 영향에 대해서는 마음쓰고 싶지가 않다. 나는 타
인들이 나에게 미칠 영향에 대해 그들이 신경써 주는 편을 더 좋아하는
것이다.

　　진지하게 봉사에의 목표를 지닌 사람, 그리고 봉사받고 싶다는 자
신의 욕구가 목표가 되지 않도록 세심하게 주의하는 사람은 필연적으로
깊은 외로움과 맞부딪칠 것이다. 다른 사람에게 나누어 줄 수는 있어도
다른 사람에게 완전히 의존할 수는 없다는 자각이 움튼다. 봉사하는 일
에 헌신한 그리스도인은 자신의 깊은 내면의 욕구가 그 자신에게 재촉하
는 바로 그 일을 수행하는 것을 허락하지 않을 것이다. 그는 아무에게도
자기 자신을 맡기지 않을 것이다. 그렇게 하는 것은 봉사하는 일에 헌신
하기로 한 결단을 거스리는 일이 되기 때문이다.

　　만일 그가 남에게 봉사하려는 목적을 휴지화해 버리고, 남의 봉사
를 받아 자신의 외로움을 종식시키기를 아주 적극적으로 추구한다 해도,
그는 진정한 만족을 발견치 못할 것이다. 가장 친한 친구들도 우리의 기
대를 져버릴 것이다. 왜냐하면 그들도 그들 자신에게 몰두해 있거나, 혹
은 우리의 필요를 완전하게 이해하지 못하기 때문이다. 어디에도 탈출구
는 없다. 타락 상태에 있는 인간의 상황은 외롭다. 그리고 봉사하는 일
에 헌신하는 것은 문제를 복잡하게 만드는 것처럼 보인다.

외로움의 놀라운 효능

그러나, 긴 팔자 수염을 가진 악한이 한 희생자를 철로 위에 묶어 놓는
옛 영화에서처럼, 이야기는 그렇게 끝나지 않는다. 놀라운 일을 일으키
시는 하나님께서 절망적인 상황을 비할 바 없는 기쁨의 기회로 다시 반

전시키시는 것이다. 봉사하는 일에 헌신함으로써 생겨난 외로움의 문제에는 하나님이 제시해 주시는 해결책이 있다.

만일 우리의 격려의 말이 실질적으로 영향력을 갖게 하려면, 만일 그리스도인으로 행보하는 가운데 서로에게 힘을 주려는 우리의 노력이 격려 연설 이상의 것이 되게 하려면, 우리는 "하나님에 대해서" 알 뿐만 아니라 실제적으로 "하나님을" 아는 사람이 되어야 한다.

나는 70세 가까이 되었던 사람과 한 강단에 섰던 적이 있다. 그 때 나는 20대 후반이었다. 나의 설교가 실제적이고 적절했으며 흥미로왔던 반면, 그의 설교는 힘이 있었다. 우리 두 사람 간의 차이점이라면 그가 하나님을 알고 있는 방법이 마치 나와 하나님과의 관계가 친 아버지와 아이와의 관계처럼 보이게 한다는 점이었다.

경건한 성품은 하나님을 직접적으로 알 것을 요구한다. 경우에 따라 하나님을 알게 되는 길은 깊은 외로움의 골짜기를 관통해 지나간다. 우리가 하나님을 가장 충분히 알 수 있게 되는 때는 우리 주위에 하나님 외에는 아무도 없을 때이다. 그런 때, 즉 지극한 고독의 순간들은 다른 사람의 삶으로 우리의 삶을 흘려보낼 때에만 우리에게 찾아온다.

우리를 보살펴 줄 그 누구에게도 의존하지 않을 때, 다른 사람으로부터의 작은 격려도 감사하게 받아들일 때, 영혼은 그 가장 깊은 갈망, 곧 영혼 자체를 누군가 완전히 의지할 만한 강한 사람에게 맡기고 싶다는 느낌을 갖게 될 것이다. 우리는 깊은 외로움을 느낄 것이다. 그 순간, 봉사하는 일에 헌신하기로 한 결단을 적당히 타협하려는 생각을 완강히 거부한다면, 아무에게도 우리 자신을 의존적으로 맡기지 않는다면, 우리의 외로움은 더 깊어질 것이다.

외로움이 가장 크게 느껴지는 바로 그 순간에 우리는 하나님께로 향해 가서 그분께 필사적으로 의지해야 한다. 우리는 우리 자신을 온전히 그분께 맡겨 심리적인 죽음 상태에 있는 우리 영혼으로 하여금 그분께서 꼭 응답하실 것을 확신하게 해야 한다. 그 때에 우리는 하나님을 더욱 많이 알게 될 것이다. 그리고 그 때에 경건한 성품은 자라날 것이다. 그분의 영광은 밤이 가장 깊은 때에 가장 밝게 빛난다. 그분의 능력은 우리가 가장 약할 때에 가장 충분하게 입증된다. 그분의 사랑은 우리가 사랑받지 못하고 있다고 느낄 때에 가장 깊숙이 우리 마음을 감동시킨다.

얼마 전에 나는 이러한 생각들을 다른 나라에서 어떤 모임의 사람들과 함께 나눈 적이 있다. 내 이야기 중의 하나를 마쳤을 때, 20대 후반의 한 남자가 내게로 와서 꼭 말해야 한다고 생각되는 이야기처럼 자신의 이야기를 들려 주었다. 1년 전, 그의 아내는 암 때문에 두 번의 죽을 고비를 넘겼다. 외과 의사의 진단을 받으면서 현재에 이르기까지 그는 아내에게 끊임없는 격려를 줄 수 있기를 원하면서, 아내를 위해 언제까지나 강한 채로 있기 위해 발버둥쳐 왔다. 그 자신의 고통과 혼돈과 두려움은 그를 감정적인 활동 불능 상태로 만들었지만, 그는 아내를 돌보아야 한다는 한 가지 목적에 자기 자신을 바쳤다.

그 젊은이는 시편 142편을 크게 읽어 달라고 내게 요청했다. 내가 성경책을 넘기고 있는 동안 그는 때로는 아내와 함께, 때로는 혼자 눈물로 지새우던 잠 못 이루던 숱한 밤에 기도하면서 그 시편 말씀을 읽곤했었다고 말했다. 나는 그가 읽어 달라고 하던 구절을 찾아 읽기 시작했다.

"내 심령이 속에서 상할 때에도 주께서 내 길을 아셨나이다(3절)

"내 영혼을 돌아보는 자도 없나이다 여호와여 내가 주께 부르짖어 말하기를 주는 나의 피난처시요 생존 세계에서 나의 분깃이시라 하였나이다(4, 5절)

"나의 부르짖음을 들으소서 나는 심히 비천하니이다(6절)

"내 영혼을 옥에서 이끌어 내사 … 주께서 나를 후대하시리니"(7절).

성경을 읽는 내 목소리는 떨렸고 나는 두 눈에 젖어드는 물기를 감출 수가 없었다. 나는 이 젊은이에게는 생명이 되는 말씀, 하나님과 깊이 교통하는 통로가 되었던 말씀을 읽고 있음을 깨달았다. 나는 시편 73편에 있는 이와 비슷한 말씀을 읽어 주고픈 생각이 들었다.

"하늘에서는 주 외에 누가 내게 있으리요 땅에서는 주 밖에 나의 사모할 자 없나이다…하나님께 가까이함이 내게 복이라"(25, 28절).

격려하는 사람의 성품은 강해야 한다. 그의 성품은 하나님 외에 아무도 없는 불 같은 외로움 속에서 주조되고 연단되어야 한다. 그리고 하나님을 알게 되는 놀라운 기회인 외로움은 우리가 우리 자신을 남에게 봉사하는 일에 전적으로 헌신하여 우리를 채워 줄 분으로서는 오직 하나님만 의존할 때에 찾아온다. 그분의 도우심은 우리로 하여금 바로 그분의 임재를 깨닫게 하므로, 우리는 거룩한 토대로부터 다른 사람에게 이야기할 수 있게 된다. 그 때 우리의 말은 선을 위한 능력을 갖는 것이다.

요 약

우리는 다른 사람이 우리를 돌보아 주는 일을 심히 게을리할 때조차도 그들을 돌보아 주는 일에 계속 헌신해야 한다.

남을 돌보는 일에 헌신하려면 우리 자신을 다른 사람에게 완전히 맡겨서도 안 되며 우리의 필요를 채워 줄 누군가에게 전적으로 의지해서도 안 된다. 그런 식의 헌신을 실행하다 보면, 헌신에의 결단이 우리로 하여금 하지 못하게 금하는 일을 하려는 깊은 필요를 느끼게 된다. 그것은 다름 아니라, 타인에게 깊이 의존하고 싶다는 욕구이다. 그 결과 우리는 외로움의 고통을 느낀다.

만일 깊디깊은 외로움을 느끼는 동안 우리 자신을 완전히 하나님께 맡겨 그분께서 우리를 돌보아 주실 것으로 믿고 의지한다면, 우리는 하나님을 만나게 될 것이다. 우리의 가장 깊은 본질적 요소는 힘을 얻을 것이며, 우리의 성품은 하나님의 재원들 속에 뿌리를 두게 될 것이다.

그러면 우리는 하나님과 함께 보낸 시간에 의해 분발되어 남을 돌보는 일에 계속 헌신할 수 있게 될 것이다. 우리의 말은 그분이 우리에게 알게 하신 사랑을 주는 말, 사랑이 넘쳐 흐르는 말이 될 것이며, 타인을 격려하는 능력을 갖게 될 것이다.

7
우리가 느끼는 것을
누군가에게
언제 말해야 하는가?

격려자가 되고 싶어하는 사람들은 그들이 접촉하는 모든 대인 관계에 있어 남에게 도움을 주고자 하는 목표에 전념할 때, 한 어려운 문제에 봉착하게 된다. 주는 데에 전념하다 보면 그 사람의 개인적 자원은 곧 고갈되고 따라서 자신이 열심히 주기만 한 것을 이제는 받고 싶다는 욕망이 가중되는 것이다.

그 결과로 생기는 외로움 때문에 그 격려자가 냉소주의에 빠지거나 뒤로 물러서거나, 또는 다른 데로 마음을 돌리거나 혹은 겉모습만의 위선적 태도를 갖게 되어서는 안 된다. 그보다는 오히려 하나님의 도우시는 재원에만 호소할 수밖에 없는 절망 상태로 그를 몰아넣어야 한다. 그런 외로움 속에서 그리스도와 관계를 맺는다는 사실은 현실로서 강렬하게 느껴지는 것이다.

그러나, 그 사람이 새로운 힘을 불어 넣어 주는 하나님의 능력을 감지한다 해도 적절하게 손봐야 할 문제가 아직 남아 있다. 즉, 자칭 격려자들은 여전히 혼란스러운 감정을 느끼는 것이다. 나는 그리스도와 나누는 교제 중에서도 건전하고 건설적인 감정 이외에는 모든 것을 몰아내버리는, 깊이 있는 교제가 있다고 생각한다. 하지만 그런 정도의 영적 성숙함은 대부분의 사람들에게는 너무 거리가 먼 소망일 뿐이다. 우리는 타인을 격려하는 일에 성실하게 전념하며 우리의 필요를 채우시는 주님을 완전히 신뢰하기로 결단할 수는 있다. 그러나 여전히 우리는 노여움, 질투, 염려, 슬픔, 욕망과 같은 느낌들로 인해 괴로움을 당한다.

격려해 주기로 작정했던 대상이 정말 자신을 지치게 만들 때 격려자는 어떻게 해야 하는가? 우리를 화나게 만드는 사람에게 어떻게 격려

해 주어야 하는가? 격려해 주는 일은 확실히 우리가 즐거운 마음으로
대할 수 있는 사람에 한해서만 하는 일이 아닌 것이다. 실망할 일도 아
닐 뿐더러 깨어진 소망에 대한 개인적 좌절감에 불과한 일을 안고 와서
우리를 괴롭히는 친구가 있을 때는 어떻게 해야 하는가?

그런 사람에게는 격려해 주고 싶은 마음이 생기지 않을 것이다. 격
려하는 일에 헌신한 사람들은 격려해 주려는 노력에 방해가 되는 여러 가
지 다양한 감정들을 경험할 것이다. 우리가 부정적인 감정을 느낄 때에
는 어떻게 해야만 격려하는 데 헌신하기로 한 결단을 계속 유지할 수 있
을까?

인간에게는 다음 세 가지의 방법으로 자신의 감정을 조절할 수 있
는 능력이 있다. 이 세 가지의 전략을 시험해 보고, 그 중 어느 것이 격
려하는 일을 조장시켜 주는지 가려내 보자.

1. 억제 (Repression)
2. 표현 (Expression)
3. 인정, 그리고 목적에 합당한 표현 (Acknowledgment and Purpo-
   seful Expression)

전략 1 : 억제

한 경건한 부인이 남편에게 일이 생겼다는 말을 들었다. 말을 전한 사람
은 다름아닌 남편 자신이었다. 그 때 그 부인은 자신이 주요 강연자의 일
을 맡고 있는 여성 성경 연구회에 참석하기 위해 준비하고 있던 중이었
고, 남편은 그걸 알면서도 슬쩍 그런 소식을 전한 것이었다. 그 부인은
자신의 결혼 생활에 무언가 잘못된 점이 있다는 것을 어렴풋이 느끼고 있
었지만 결혼 생활에 불충실할 생각은 전혀 없었다.

부인은 회의가 있던 첫날은 그대로 참아넘기고 그 날 밤 나를 찾
아왔다. 대화를 나누면서 나는 그녀의 태도에서 독특한 인상을 받았다.
그녀는 자신이 당하고 있는 슬픔을 마치 남의 이야기 하듯 내게 들려 주
었다. 내가 그 부인에게 남편을 어떻게 생각하느냐고 물었을 때 그녀는
"저는 남편에 대해 단지 좀 언짢게 생각할 뿐입니다. 남편은 지금 몹시
불유쾌한 시간을 보내고 있을 거예요"라고 대답했다.

나는 주춤하여 다시 물었다. 『부인은 화가 나거나 마음이 상하지

않으셨단 말입니까? 적어도 약간 기분이 나쁘긴 했을 텐데요? 부인의
마음이 분명히 상했을 텐데어떻게 남편의 기분을 맞춰 줄 수 있었죠?』
그녀의 대답은 "나는 단지 내가 남편을 위해 할 수 있는 모든 일을 다 하
는 사람이 되고자 합니다"였다. 그녀의 이런 대답은 그녀 자신이 인정하
고 싶지 않은 부정적인 감정을 은폐하고 외견상으로만 관대한 태도를 취
하고 있음을 암시하는 것이었다. 몇 차례의 면담을 통해 나는 내 생각이
옳은 것을 확인할 수 있었다. 그녀의 내면은 노여움으로 들끓고 있었으
나, 그녀는 자신에게 그것을 감추고 있는 것이다. 그 감춰진 감정을 들
춰 내기 위해서는 날카로운 질문을 던져 집중적으로 조사하는 일이 요구
되었다. 그 부인은 자신의 감정을 억제하고 있었던 것이다.

감정을 조절하는 이러한 전략의 두번째 예에 대하여 생각해 보자.
내가 상담을 맡고 있는 사람 중에 극단적으로 유행을 좇는 가정에서 자
라난 한 남자가 있다. 그 집안의 자녀들은 모두 부잣집 아이들답게 옷을
입었고 올바른 식사 예절을 지켰으며, 지도자가 되기 위해 통례적으로 정
치학부에 다녔다고 한다.

나를 찾아온 환자는 29세의 남자로서, 그러한 가정 분위기에 아
주 적응이 잘 된 사람이었다. 그는 법률 학교를 우수한 성적으로 졸업하
였고, 그의 아내는 사회적으로 명망높은 집안 출신으로서 이제 사교계에
처음 발을 들여놓은 여자였다. 그리고 그는 법률 회사에서 든든한 지위
를 갖고 있어, 큰 집과 고급 승용차를 유지할 수 있을 만큼 수입도 충분
했다.

그가 나를 찾아오게 된 경위는 다음과 같다. 어느 날 그는 자신이
일하는 시간이 너무 많다는 것 때문에 사소한 불평을 했는데 그것으로 인
해 아내와 언쟁을 하게 되었다. 아내를 비난하고 난 후에 그는 뒤로 물
러서서 침실 도어의 가장자리에 피투성이가 될 때까지 자기 머리를 쾅쾅
부딪쳤다고 한다. 그리고 나서 마루 바닥에 푹 주저앉아서는 20분 동안
이나 격렬하게 울었다고 한다. 왜 그렇게 파열되듯 울었는지 자신도 알
수가 없었기에 그는 그 다음 날 아침 나의 도움을 받으러 온 것이다.

이 두 가지 경우 모두에 있어 나를 찾아온 상담자들은 감정을 억
제하는 법을 통달했다고 이야기할 수 있다. "나는 그 어떤 것도 느끼고

싶지 않다. 정말 느끼고 싶지 않다"는 것이 그들의 심리인 것이다. 앞 경우의 부인은 기독교의 이름으로 자신의 분노를 부인했고 뒷 경우의 젊은이는 체면을 위해 자기 감정을 억눌렀던 것이다. 그들은 자기 마음 속에 있는 강렬한 감정의 존재를 부인함으로써 그 감정을 잘못 다룬 결과를 경험한 것이다.

사도 바울은 "어떻게 말할 것인가"에 대해 주의하라고 가르치기 이전에 서로간에 "참된 것을 말하라"는 것과, 분노를 화해하는 방향으로 빨리 처리하라는 것을 가르쳤다 (에베소서 4 : 25 – 26). 분노를 느끼고 있는 사람은 죄라는 절벽의 가장자리에 서 있는 것과 같다. 화가 나 있을 때는 상대방에게 미칠 영향도 생각지 않고 자신의 감정을 타인에게 터뜨림으로써 죄 짓기가 쉬운 것이다. 그러나, 화나지 않은 체함으로써, 감정을 억제치 않고 그대로 표현하는 죄를 피한다고 해도 그것이 해결책이 되는 것은 아니다.

그리스도인은 그 어떤 것에 관해서도 가장해서는 안 된다. 우리가 무엇을 갈망하든지, 염려하든지, 탐내든지, 원망하든지 혹은 혐오하든지, 주어진 어떤 순간에 있어서도 우리는 우리의 있는 모습 그대로의 실제를 인정해야 하는 것이다. 화가 났다는 것이든지, 혹은 그밖에 다른 무엇이든지 자기 자신에게 충분히 시인하고 또 하나님께도 고하며, 그 강렬한 감정에 수반되는 것을 우리의 육신으로도 느끼게 하는 것은 죄가 아니다. 오히려 그렇게 하지 않는 것이 어리석은 행동이다.

하나님은 때때로 우리를 귀찮게 하고 좌절케 하는 사람들을 격려하도록 우리를 부르신다. 우리는 종종 분노와 화를 느끼기도 할 것이다. 하나님은 문제거리와 실망으로 가득 찬 세상과 싸워야 하는 불완전한 사람들처럼 살라고 우리를 부르신다. 우리는 긴장감과 실의, 걱정, 죄의식, 무력함을 느낄 것이다. 타인에게 중심을 둔 격려자가 되려고 노력하는 가운데 우리는 부글부글 끓는 감정의 화산을 가식과 부인이라는 뚜껑으로 덮어 놓으려 해서는 안 된다.

감정을 억제시킬 수 있다는 것은 영적으로 성숙했다는 인상을 줄지도 모르지만 (그래서 우리는 우리 자신에게나 타인에게나 바보가 되는 것이지만), 그것은 진정한 성숙을 촉진시켜 주지 못한다. 감정의 억제는 긴장감만 더해 줄 뿐이며 엉터리 격려를 하게 만든다. 좋지 못한 감정들을

부인하는 것으로써 힘을 삼고 있는 사람들은 깊은 격려가 될 만한 위력
을 지닌 말을 할 수 없다.

전략 2 : 표현

심리학자들이 자신들 사이에서 "에클레시오제닉 신경증"(ecclesiogenic n-
eurosis) 이라고 불리우는 것에 대해 간혹 이야기하는 경우가 있는데 그것
은 교회에서 그 기원을 추적해 볼 수 있는, 감정의 무질서 상태를 말한
다. 그런 증상을 보이는 사람들은 대부분 복음주의 교회를 따르며(몇 가
지 이유 때문에), 특별히 근본주의 기독교회(fundamentalist church)를 믿
는 사람도 있고, 부정적인 감정을 다루는 가장 마음에 드는 방법으로서
감정을 억제하는 방법을 좋아한다. 그렇게 감정을 억제함에 따라 나타나
는 문제점들에 "노이로제"라는 명칭이 붙은 것이다.

　　신앙적인 억제 작용에 의해 야기된 심리적 난파 상태를 평가하면
서 심리학자들은 감정 표현을 감정 억제에 대한 해독제로서 권장하기를
좋아한다. 만일 이 방종적인 정화(catharsis) 요법을 옹호하는 사람들이
주장하는 것처럼, 표현되지 못한 감정들이 문제를 야기시키는 것이라면,
그 감정들을 표현함으로써 문제는 해결된다. 그러나 감정을 억제치 않고
표출하는 것을 승인한다 해도 그것은 한 질병을 더 나쁜 질병으로 교환
하는 것에 지나지 않는다.

　　상담 사역을 시작한 지 얼마 안 되었을 때, 나는 많은 노력 끝에,
남편에 대한 적대감을 억제하고 있는 여인으로 하여금 자기 감정을 인정
하게 하는 일에 성공한 적이 있다. 그녀의 남편은 술에 만취된 채 이른
새벽에 비틀거리며 집으로 돌아오곤 했었는데 두번째로 면담을 하기로 한
날, 그녀는 만족한 듯한 표정으로 말쑥한 차림을 하고 왔다.

　　"이제 치료된 것 같아요!" 그녀는 말했다. "이틀 전, 밤 2시 반
에 남편이 지독한 술냄새를 풍기며 집에 돌아왔을 때 난 정말 화가 났어
요. 정말 속이 부글부글 끓었죠. 그래서 나는 남편이 침대로 기어서 올
라갈 때까지 기다렸다가 일어나서 벽장 쪽으로 갔죠. 그리고 손에 닿는
모든 신발을 닥치는 대로 남편을 향해 집어 던졌어요 남편은 너무 취해
있었기 때문에 움직이지도 못했죠. 난 남편을 이긴 거예요! 그러고 나

니까 기분이 훨씬 좋아졌어요."

그 환자는 확실히 억눌린 마음을 치료받았고 태연자약하게 그 반
대의 태도를 취했던 것이다. 하지만 나는 상담자가 속인이든 그리스도인
이든 간에, 정신적 건강을 위한다는 명목으로 그런 행동을 무책임하게 찬
성해 주지 않기를 바란다. 아무런 제어도 없이 감정을 풀어 놓은 것은 악
한 감정이 존재하지 않는 체하는 것과 조금도 다를 바가 없는 것이다.

감정을 조절하는 데 대한 성경적 전략은 무절제한 표현도 아니고
신경과민적인 억제도 아니다. 억제는 심리적 긴장감을 유발하여 방어 층
을 더 두텁게 만들고, 결과적으로 격려하는 일을 방해한다. 무분별한 표
현은, 내면에서 격한 감정이 격동하고 있을 때에조차 그리스도의 능력을
체험할 수 있는 기회를 사람들로부터 앗아간다. 이 전략 역시 격려자가
되려는 우리의 노력에 도움이 되지 못하는 것이다.

그렇다면 부정적이며 달갑지 않은 감정은 어떻게 다루어야 하는
가? 문제의 감정들이 우리 마음 속에 슬며시 생겨날 때, 격려하는 일에
헌신하기로 한 우리의 결단을 어떻게 존중할 것인가? 억제하는 것도, 표
현하는 것도 모두 잘못된 것이라면 남은 것은 무엇인가?

전략 3 : 인정, 그리고 목적에 합당한 표현

강렬하고 거친 감정을 표현하는 것이 옳을 때가 있다. 우리 주님께서 돈
바꾸는 자들을 성전 밖으로 몰아내신 것이 성경 상에 나타난 분명한 한
예이다 (마가복음 11 : 12 이하 / 요한복음 2 : 12 이하). 다른 사례도 있
다. 사도 바울도 고린도 교회에 신랄한 질책의 말을 써보낸 적이 있다.
그리고 베드로가 유대화된 사람들의 압력 앞에 굴복했을 때 바울은 "저
를 면책하였노라"고 했다 (갈라디아서 2 : 11). 이는 부드럽고 호의적인
말이 오고 갔으리라고는 상상되지 않는 표현이다. 구약성경의 저주의 시
편은 대적들에 대한 통렬한 비난의 말들로 가득 차 있다 (특별히 시편 137
: 9을 주목해 보라).

단순한 분노가 아닌 깊은 슬픔과 고뇌는 정당하게 타인에게 알려
질 수 있다. 그리스도께서 무덤 옆에 서 계셨을 때 나사로의 친구들은 그
분의 눈물을 목격했었다. 그보다 후에, 베드로, 야고보, 요한 역시 겟세

마네 동산에서 그분과 함께 깨어있을 때 구주의 입에서 나오는, 깊은 고통으로 가득한 말씀을 들었었다. 바울은 교회의 영적 상태에 대해 염려하면서 자신이 느낀 감정적 고통을 데살로니가 사람들과 또 그밖의 사람들에게 기탄없이 표현하였다.

이러한 예들로 보아, 부정적 감정들은 성경적인 방법으로 타인과 함께 나누어질 수 있으며 또 그렇게 해야 한다는 것이 분명하다. 그렇다면 언제 그렇게 해야 하는가? 그리고 어떻게 해야 하는가?

우선, 우리는 우리가 느끼는 모든 것을 우리 자신과 하나님께 고백해야 하며(그래서 억지로 자제하는 오류를 피해야 한다), 그 다음에는 언제 우리 감정을 표현하는 것이 도덕적으로 보아 허용되는지를 분별해야 한다(무절제하게 감정을 표현하는 오류를 피하기 위해서이다). 문제는 다음과 같이 요약된다. 우리가 느끼는 바를 누군가에게 언제 말하는 것이 옳은가?

강렬한 감정들을 다스리는 데 예증이 될 만한 것이 에스겔 24장 15-18절에 제시되어 있다. 본 구절에서 하나님은 이제 곧 선지자의 사랑하는 아내를 데려가실 것이라는 소식을 에스겔에게 친히 알리신다. 자신의 뜻을 알리신 후에 하나님은 곧 에스겔에게 슬픔을 겉으로 드러내는 행위를 절대 삼가라고 가르치신다. 그분은 에스겔에게 "종용히 탄식하라"고 말씀하신다.

하나님께서 에스겔에게 종용히 탄식하라고 명하신 것은 감정을 억제하라고 하신 것이 아니다. 선지자는 아내의 죽음이 자신에게 전혀 슬픔을 주지 않는 체해서는 안 되었던 것이다. 그러나, 종용히 탄식하는 가운데 그는 그 슬픔이 외적으로 표현되는 것을 억제해야 했다. 왜인가? 배우자의 장례식에서 공공연히 애도하는 것이 잘못된 일인가? 그리스도께서 나사로의 무덤가에서 우신 것은 옳고 에스겔이 자기 아내의 무덤가에서 우는 것은 왜 잘못인가?

주님께서 우셨을 때, 그분의 눈물은 그 일에 대한 아버지의 목적에 결코 방해가 되는 것이 아니었다. 오히려 그 눈물은 아버지의 뜻이 성취되는 것을 촉진시켜 주었다. 그러나 에스겔에게 있어 운다는 것은 반역적인 백성들에게 하나님께서 전하고자 하시는 하나님의 뜻을 모호하게 하는 것이었다. 즉, 그 백성들의 죄에 대해 임박한 심판은 너무도 무서운

것이어서, 아무리 사랑하는 아내의 죽음일지라도 그 심판에 비하면 눈물
흘릴 일이 되지 못한다는 점을 알게 하려는 것이 하나님의 뜻이었던 것이
다.

여기서 나타나는 원칙은 다음과 같다. 즉, 우리는 하나님 앞에서
우리가 느끼는 것을 충분히 인정해야 하며, 우리 감정의 충분한 무게를
내적으로 체험해야 한다. 그러나, 그것을 외적으로 표현하는 것이 하나
님의 목적을 성취시키는 데 도움이 될 때에 한해서는 우리가 인정한 감정
을 표현해도 좋다.

이 원칙을 좀더 간단히 서술해 본다면, (1)우리 감정을 하나님과
우리 자신에게 은밀히 고백함으로써, (2)우리의 감정을 표현하는 때와 방
법을 우리가 지닌 목표에 종속시킴으로써 우리는 우리 감정을 다루어야
한다는 것이다.

격한 감정을 방출시키지 않으면 심리적으로 해롭다고 믿는 사람이
있기 때문에 다음과 같은 결정적 요점을 이해하는 것이 중요하다. 감정
이 문제를 유발시키는 경우는 그것이 표현되지 않은 채 남아 있을 때가
아니라 인정되지 않은 채로 있을 때이다. 감정을 억제함으로써 생긴 문
제를 치료하는 데는 모든 감정을 완전히 표현할 것이 요구되지 않는다.
억제의 반대가 곧 표현은 아닌 것이다. 정확히 말해서 "억제"의 반대는
"인정"이다. 즉, 마음 속에 존재하는 모든 감정들에 의식적으로, 주체적
으로 직면하는 것이다.

하지만 또다른 태도에서 심리적 문제점들이 유발될 수 있다. 어떤
감정을 느끼고 있는 것은 인정하지만 두려움 때문에 (하나님의 목적에 관
심이 있어서가 아니라) 그러한 감정들을 표현하려 들지 않는 사람이 있
다고 가정해 보자. 자기 감정을 표현하는 것은 개인적인 측면에서 위협
적인 결과에 대해 약점을 갖게 만들 수도 있다. 어떻게 그런 일이 생기는
지 생각해 보자.

한 성도가 자신은 매주 한 번씩 모이는 성경 공부 모임의 지도자
에 대해 아주 화가 난다고 내게 털어놓았다. 감정 억제로 인한 문제는 없
었다. 그는 자기 감정을 알고 있었다. 화가 나서 어떻게 했느냐고 그에게
묻자, 그는 "아무렇게도 하지 않았읍니다. 그쪽 부부와 우리 부부는 친

구입니다. 특히 아내들끼리 더 친밀하지요. 만일 내가 그 친구에 대해 어떻게 느끼는가를 입 밖에 내서 그 때문에 그들 부부에 대한 내 아내의 우정에 혼란이 생긴다고 해도, 난 결코 그 일이 어떻게 끝났는지에 대해 아내에게 들으려 하지 않을 것입니다. 쓸데없이 분쟁을 일으킬 필요는 없지요"라고 대답했다.

이 사람은 자신의 화를 억제하지도, 표현하지도 않았다. 그는 자신의 감정을 알고 있었으나, 사람들이 그것을 알게 하지는 않았다. 하지만 그가 자신의 노여움을 표현하지 않은 것은 하나님의 목적을 실행하는 것과는 아무런 상관이 없다. 그보다 그는 자신이 겪게 될지도 모를 유쾌하지 못한 결과를 두려워하고 있었던 것이다.

이 사람이 목표와 욕구 사이에서 겪고 있는 혼동에 주목해 보자. 그의 목표는 하나님을 기쁘시게 하는 것과, 자기를 성나게 하는 형제를 교화하는 것이어야 했다. 그러나 사실상 그의 실제적인 목표는 싸움을 피하는 것이었다. 다툼을 피하는 것은 그 성질상 욕구라 할 수 있는 것이지 값진 목표는 아니다.

화가 났을 때 유능한 격려자는 어떻게 해야 하는가? 그는 자신의 분을 억제해서는 안 된다. 그렇다고 해서 자기의 임무를 생각지 않고 그것을 있는 대로 표현해서도 안 된다. 결말에 대한 두려움 때문에 자신의 분을 나타내지 않기로 해서도 안 된다. 이러한 상황에서 "인정, 그리고 목적에 합당한 표현"이라는 원칙은 4단계로 작용할 수 있을 것이다.

첫째, 그는 자신의 목표와 욕구를 재정비하면서, 그리고 봉사에의 목적에 자신이 헌신했다는 사실을 재확인하면서 주님과 함께 하는 시간을 가져야 한다.

둘째, 그는 모임의 인도자에게 친절을 보여 줄 방도를 모색함으로써 남에게 봉사하는 것이 자신의 목표임을 확인해야 한다.

세째, 이 일이 안고 있는 미묘한 문제에 대해 자신이 민감하게 반응하고 있다는 사실을 아내에게 알리고 또한 언제 어떻게 말해야 할지에 대한 조언을 얻기 위해 아내와 의논해야 한다. 그런 다음, 그는 전술한 바와 같이 화해하려는 목적을 갖고 자신의 감정을 그 화나게 만드는 형제에게 알려야 한다.

네째, 그 형제가 화를 내며 몸을 움츠리든지 혹은 부드러운 태도로 사과하든지 간에, 그 형제를 위해 계속 기도해 나가면서, 또한 그에게 사랑과 관심을 보여 줄 적당한 방법을 찾음으로써 그를 적극적으로 용서해야 한다.

격려자들은 자신의 감정을 어떻게 다루어야 하는가? 사람은 절대로 감정을 억제해서는 안 된다. 언제나 자신의 감정을 하나님과 자기 자신에게 완전히 고백해야 한다. 그렇게 해야 느헤미야 1장 4절에서 보여주는 것처럼, 자기 감정의 무게를 개인적으로 충분히 체험할 수 있다.

그 다음, 자신은 남에게 봉사한다는 목표에 헌신했다는 점을 재확인, 재의식하여 그러한 감정들을 표현하는 것이 하나님의 목표를 이루는데 도움이 되는지 안 되는 지의 여부를 결정해야 한다. 편견을 갖지 않은 성숙한 그리스도인에게서 얻는 조언이 그 어려운 결정을 내리는 데 도움이 되는 경우가 많다. 만약 표현하는 것이 적합하다고 판단되면, 그는 관계된 사람에게 그 감정을 알려야 한다. 그렇지 않다고 판정이 내려지면 그 감정들을 부인하는 편을 택해야 한다. 전자의 경우에는 그 감정을 표현하는 것이 하나님을 섬기는 행위였듯이 말이다.

요 약

우리들 대부분은, 영적으로 얼마나 성숙했는지에 상관없이 분노나 염려 혹은 탐욕과 같은 부정적 감정들을 체험할 것이다.

격려자들은 그러한 감정들이 억제될 수도, 표현될 수도, 인정되어 성취해야 할 목적에 따라 선별적으로 표현될 수도 있다는 것을 깨달아야 한다.

감정 억제는 가식을 포함한다. 그러나, 성경은 현실을 부인하는 것을 결코 허락치 않는다. 다른 사람의 안위에 개의치 않고 감정을 표현하는 것은 이기적인 관용이다. 억제나 무분별한 표현, 이 양편 모두가 부정적인 감정을 다루는 방법으로서는 성경적인 전략에 부합되지 않는다.

　　격려자들은 자기 자신으로 하여금 자기 감정의 무게를 충분히 느끼게 해야 한다. 그러나 그것을 표현하고 안 하고는 하나님의 목적에 도움이 되는지 안되는지에 따라 결정해야 한다.

　　남에게 봉사한다는 목적에 자발적으로 복종하기 위해서가 아닌 그 어떤 다른 이유에 의해서 감정 표현하기를 거부하면 개인적인 어려움이 생긴다. 남을 위해 봉사한다는 골격 내에서 인정된 감정들을 선별적으로 표현하는 것이 부정적인 감정을 다스리기 위한 성경적인 전략이다.

　　이 책의 나머지 부분에서는 격려 그 자체를 어떻게 진전시켜 나갈 것인가의 문제가 우리의 관심사가 될 것이다.

제 2 부
격려의 과정

8
격려는
어떻게 작용하는가

격려를 특정한 말이나 문장을 나열하는 것으로 생각하면 오산이다. 격려는 우리가 쓰는 말보다는 그 배후에 있는 동기에 더 의존하고 있다. 격려하는 말은 (1) 사랑이 동기가 된, 그리고 (2) 두려움을 표적으로 하는 말이다. 격려의 말은 이 두 가지 조건을 충족시켜야 한다. 이 조건들을 좀더 상세하게 살펴보자.

조건 1 : 격려의 말은 두려움에 의해서가 아니라 사랑에 의해서 고무된다. 즉, 화자(話者)에게 있어서 그가 하는 말은 절대로 층(layer)으로서 작용해서는 안 되는 것이다.

조건 2 : 격려의 말은 타인의 꺼풀을 재배열할 의도로 그것을 겨냥하는 것이 아니라 타인의 숨겨진 두려움을 없애 줄 의도로 그 두려움을 겨냥한다.

한 꺼풀에서 또 한 꺼풀로 전해진 말은 격려가 되지 못한다(그림 1). 당신의 꺼풀에서 상대방의 두려움으로 전해진 말은(그림 2) 일시적으로는 격려의 말로서 가치를 가질 수도 있다. 예를 들어, "목사로서의 친절"이라는 꺼풀을 가진 사람이 통찰력과 사랑을 갖고 곤경에 처한 친구에게 이야기하는 경우이다. 이와 비슷한 경우로, 사랑하는 마음에서 상대방의 층(layer)으로 전해진 말도(그림 3) 어느 정도 효과가 있을 수 있다. 진실로 친절한 마음을 가진 사람이 상처받고 있는 누군가에게 지혜롭지 못하게도 피상적인 조언을 줄 때, 어느 정도는 격려가 된다고 하겠다.

그러나, 진정한 격려는 사랑하는 마음에서 우러나온 말이 상대방의 인정된 두려움에 가 닿는 것을 말한다(그림 4).

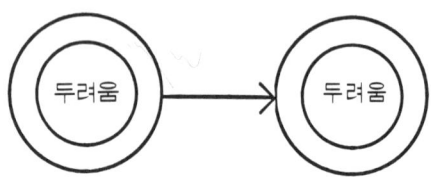

그림 1

격려가 아님

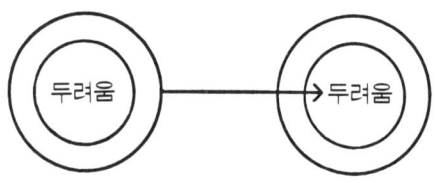

그림 2

제한적인 격려

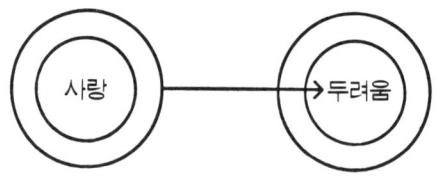

그림 3

제한적인 격려

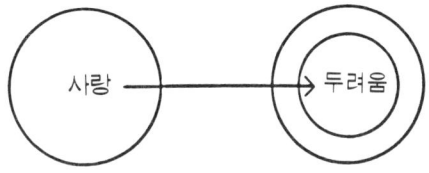

그림 4

진정한 격려

조건 1 : 사랑에 의해 고무될 것

한 잔인한 사람이 무고한 행인에게 폭행을 가하는 것을 목격했으면서도 그 사람을 돕기 위해 아무 일도 하지 않은 선량한 시민들을 다양한 시각으로 새롭게 조명하여 설명하기 위해서 헤아릴 수 없이 많은 설교들이 행해졌다. 이 일화의 급소를 찌르는 말은 "대응할 힘이 없었노라"는 그 방관자들의 변명이다. 진부하긴 하지만 여전히 문제의 핵심을 꿰뚫는 말이다. "우리는 그 일에 말려들고 싶지 않았소. 너무 위험했으니까." 통상 그들은 그렇게 말한다.

기독교는 시작부터 끝까지 말려드는 것(involvement)이다. 사랑으로써 누군가의 일에 말려드는 것에 대한 예로써 성육신보다 더 위대한 본보기는 없다. 문자 그대로, 하나님께서는 거룩한 공의가 죄악된 인간에게 요구하는 무서운 징벌을 감내하시려는 명확한 목적을 위해 인간이 되셨다.

승천하신 구세주는 아직도 성육신하신 모습으로 계시므로 우리의 모든 시험과 시련 가운데서 우리에게 말씀하실 수 있으며, 다른 사람들의 삶에 말려드는 삶을 살라고 명하고 계신다. 우리는 기뻐하는 자와 함께 기뻐하고, 우는 자와 함께 울며, 신령치 못하게 된 것은 원래대로 회복시키고, 제멋대로 행하는 자들을 경계하고, 약한 자는 강하게 하라는 명령을 받았다. 간단히 말해서, 우리는 말과 행동으로 타인을 격려하여 그들이 거룩함을 좇는 길을 가도록 재촉해야 하는 것이다(로마서 12장). 격려해 줌으로써 타인의 삶에 영향을 끼치도록 우리를 자극시키는 유일한 동기는 사랑이다. 우리의 말은 하나님과 인간을 위한 거짓없고 순수한 사랑으로부터 나오는 것이어야 한다.

그러나, 우리는 망설인다. 놀란 눈으로 범죄의 현장을 바라보고만 있는 사람처럼, 우리는 말려들지 않은 채 그대로 있기를 원한다. 우리는 우리의 꺼풀 뒤로 후퇴함으로써 안전 거리를 유지한다. 우리는 비판, 분석, 험담(gossip), 흥미, 때로는 관심 등으로 사람들에게 반응한다. 그러나, 우리는 성육신의 사건으로 우리에게 모형이 되어 주었던 그런 말려듦(involvement)의 자세는 좀처럼 보이려 하지 않는다.

말려드는 것을 제외한 모든 것은 자연스럽게 행한다. 귀찮게 하는 형제에 대해 우리는 노여움으로 즉각적인 대응을 보인다. 내 생각에 동의하지 않는 사람들은 편협한 마음을 가진 것으로 판단한다. 함께 일하는 사람이나 동료의 무책임함에는 비난을 가한다. 다른 사람의 꺼풀에 친절한 관심으로 반응하는 일은 결코 자연스럽게 이뤄지지 않는 것이다.

말려들지 않는 것과 간격을 두는 것이 왜 우리의 본능적인 대응 자세인가? 한데 어울려 관심을 보여 주는 일이 왜 우리에게는 낯선가? 왜 우리는 우리의 꺼풀 뒤에서 사람들과 관련을 맺으려 하는가? 우리는 서로가 친밀한 관계를 갈망하고 있다는 것을 감지한다 할지라도(만일 우리 자신을 살펴볼 시간을 갖기만 한다면 그렇게 될 수 있다) 여전히 서로 거리를 유지할 길을 찾는다. 누군가가 우리를 화나게 하고 우리의 성난 감정이 그 사람과의 사이에 벽을 쌓게 만들 때 우리를 화나게 한 그 사람을 향해 감정을 폭발시키거나 골을 내거나 아니면 이 문제를 다루는 것조차 피하거나 한다.

많은 사람들이 미묘한 문제들로부터 사소한 문제로 대화를 이끌어 나가는 기술을 익혀가고 있다. 왜 우리는 방어 층 뒤에서 사람들과 관련을 맺으려는 이 고치기 어려운 경향을 갖고 있는가? 이 문제를 진단하고 치료할 수 있기까지 우리는 격려하는 일을 진전시킬 수 없을 것이다.

얼마 전에 내 절친한 친구 중의 하나가 깊은 관심을 끌게 만든 적이 있다. 다른 친구들과 교제를 나누는 동안 그 친구를 지켜본 결과, 나는 그의 신상에 뭔가 좋지 않은 일이 벌어지고 있음을 알았다. 그의 문제는 눈덩이 구르듯 커졌다. 그 친구가 자신이 처한 상황을 잘못 처리하면 할수록 상황은 더 악화되었고, 그는 더욱 비효과적인 방법으로 그 문제를 다루게 되었던 것이다. 그가 매우 실의에 차 있다는 것을 깨닫는 데는 많은 노력이 필요치 않았다. 그가 겪고 있는 어려움은 해결할 수 없을 것처럼 보였다. 나는 그를 격려해 주고 싶었고 그를 자극시켜 사랑과 선한 일을 할 수 있게 해주고 싶었다. 그러나, 나는 뒤로 물러나고 싶은 충동, 이 일에 관해 그에게 아무런 말도 하지 않고 그저 그를 위해 기도만 해주고 싶은 충동을 느꼈다. 왜 그랬을까?

조금 깊이 생각해 본 결과, 나는 그와의 편안하고 유쾌한 관계를 망쳐버릴지도 모를 위험을 무릅쓰고 싶지 않기 때문이라는 사실을 분명히 깨달았다. 나는 다루기 어려운 문제를 논의하려고 하다가 거절당하는 쪽보다는 평범한 대화에서 친숙한 편안함을 얻는 편을 더 좋아했던 것이다.

한동안 나는 "어떻게 지내지?" 또는 "좋아 보이는군" 등과 같은 말들도 최소한의 가벼운 격려가 될 수 있다는 사실로써 나 자신을 위로하였다. 그러나, 마침내 나는 배고픈 친구에게 음식 이름이 적힌 쪽지를 건네 주는 것은 아무런 도움도 되지 못한다는 것을 인정할 수밖에 없었다. 오히려 그것은 잔인한 짓이었다. 특별히 나의 냉장고가 가득 차 있을 경우에는 더욱 그렇다.

나 자신의 이기적인 두려움을 깨우친 후에, 나는 친구에게 이 일에 관해 직접 이야기할 기회가 있기를 기도했다. 나는 내 생각을 그에게 설명할 길을 모색하였다. 어느 날, 그 친구가 그 우울한 표정에 걸맞게 비관적인 이야기를 했을 때 나는 기회를 포착했다. 그리고 그에 대한 나의 관심을 그에게 이야기하였다. 나는 그의 내면에서 벌어지고 있다고 생각되는 일을 정확하게 밝히면서 명백하게, 그리고 요령있게 이야기했다. 성령께서 우리들이 서로 주고 받는 말을 비판하지 않는 사랑을 채워주셨기에, 대화의 결과는 우리 둘 모두에게 격려가 되었다. 내게는 그가 마음을 열고 의견을 교환해 주었기에 격려가 되었고, 그에게는 내가 그에게 염려와 관심을 갖고 있다는 것이 증명되었기에 격려가 되었다.

후에 나는 내가 왜 그 일을 그리도 어렵게 생각했는지 의아할 정도였다. 나는 내가 아끼고 즐기던 무언가를 잃을지도 모른다는 두려움이

바로 이 일의 장애물이었었다고 결론을 내렸다. 나는 친구의 일에 말려
드는 것이 불유쾌한 긴장감을 조장할까 봐 두려워했던 것이다. 이는 하
나님께 대한 두려움을 제외한 모든 두려움이 그러하듯 자기 자신에만 몰
두된 두려움이었다.

내게 상담을 요청하는 이들 중에 친절하고 상냥하며 매력 있는 사
람이라고 알려진 여자가 있었다. 만일 유능한 격려자감이라고 확신되는
사람이 있다면 그녀가 바로 그런 사람이었다. 그러나, 그녀에게는 문제가
있었다. 그녀에게 특별한 친밀감을 느끼는 사람이 하나도 없었던 것이다.
그녀와 함께 있는 것을 모든 사람이 다 즐거워했다. 그러나, 그녀를 "가
장 좋은 친구"라고 선뜻 말하려는 사람은 없었다. 그래서 언제나 웃는
얼굴과 기꺼운 호의는 쉽게 사람들과 친밀한 관계를 맺게 해줄 수 있을
것 같았지만 결과는 오히려 반대였다. 웃음과 호의는 친밀한 관계를 맺
는 데 대한 장애물이었던 것이다. 그녀는 자신을 우울하게 만드는 외로
움과 공허감 때문에 나를 만나러 왔었다.

그녀는 안전하게 방음 설비가 되어 있는 내 사무실에서 자신은 어
머니에게 극심한 불만을 갖고 있으며, 남편이 자신에게 많은 시간을 할
애해 주지 않는 것에 대해서도 질투를 느끼며, 아이들이 병이 나지 않을
까 염려하고 있고, 또 자신에게 일정한 친절을 강요하는 생각없는 친구
들에게 화가 난다고 고백하였다. 그리고 그녀는 겁에 질려 이렇게 말했
다. "내가 느끼는 것을 누군가에게 사실대로 말한다면 아무도 나를 좋아
하려 할 것 같지 않아서 두려워요."

첫인상과는 반대로, 이 여인의 상냥함과 매력은 사랑의 표현이 아
니었다. 사실상 그러한 것들은 상처로부터 그녀 자신을 보호하기 위해 꾸
민 교묘한 꺼풀에 지나지 않는 것들이었다. 그녀의 입에서 나오는 사려
깊은 말들은 격려가 될 만한 진정한 힘을 갖고 있지 않았다. 그 말들은
사랑하는 마음에서가 아니라 꺼풀로부터 나온 말들이었다. 그녀는 마음
을 주고, 자기 약점을 드러내 놓을 수 있는 대인 관계를 전혀 맺지 못하
고 있었다. 두려움에 의해 유발된 친절, 사람들과 오히려 거리를 갖게 만
드는 그 친절로 해자(moat)를 두른 세상으로부터 유폐된 성곽 그 격리된
공간 안에 그녀는 살고 있었던 것이다.

두려움이 동기가 되어 나온 말은 격려할 힘을 갖지 못한다는 사실을 우리는 기억해야 한다. 그런 말들은 상처를 덮어줄 수 있을지는 몰라도 결코 치료해 주지는 못한다. 오직 사랑만이 상처를 치유해 줄 수 있다. 꺼풀로부터 말해지는 것은 가치가 없다. 에베소서 4장 29절에서 언급된 무익한 말이 바로 그것이다. 힘을 북돋워주는 말로서의 특성을 갖추고자 한다면, 그 말들은 사랑으로부터 자연스럽게 나온 말이어야 한다.

그러면, 어떻게 우리는 두려움에서 사랑으로 자리를 옮길 수 있으며, 어떻게 꺼풀로부터 나오는 말을 사랑으로부터 나오는 말로 변화시킬 수 있을까 ?

그 누구에게도, 특별히 자기 아내에게도 화를 내는 일이 거의 없는 한 남자와 이야기를 나눈 적이 있다. 그가 분노를 표현치 않으려는 것은 사랑을 나타내는 것이 아니라 대인 관계에 손상이 가지 않을까 하는 두려움을 나타내는 것이라는 사실을 분명히 깨닫기까지, 자신의 원만한 태도를 훌륭히 함양된 미덕이라고 오랫동안 믿어 온 사람이었다.

그것이 문제의 요점이다. 사람들과의 사이에서 가능한 한 편안한 관계를 유지하려 하는 것은 매우 당연한 일이다. 그리고 다른 누군가의 삶에 정말로 휘말려들 위험을 무릅써야 할 때는 반드시 불편한 감정을 느끼게 되는 것 또한 매우 당연한 일이다. 솔직히, 우리들 대부분은 안락한 행복감이 위협받는 것을 두려워하는 것이다.

최근에 나는 주일 학교 수업에서 초면의 젊은 여인 옆에 앉은 적이 있다. 수업이 시작되기 직전, 나는 그녀에게 나를 소개하고 또 그녀의 이름을 물어 서로 인사를 나눴다. 수업이 진행되는 동안 그녀는 아주 초보적이라 할 수 있는 교사의 질문에 이상할 정도로 엉뚱한 대답을 했다. 교사는 "네, 그래요. 만일 질문이 달랐다면 그 대답은 훌륭한 대답이 되었을 겁니다"라고 말함으로써 그 순간의 어색함을 잘 넘기려고 말까지 조금 더듬으며 애를 썼다. 나는 얼굴이 붉어진 그녀가 수줍게 미소 지으며 스커트 매우새를 바로 잡는 등 부끄러워 어쩔 줄 몰라 하는 것을 보았다. 분명 그녀에겐 몇 마디 격려의 말이 필요했다.

그러나, 수업이 끝날 시간이 가까와옴에 따라 나는 그녀를 격려하는 것이 귀찮다고 느껴졌다. "네 친구들에게나 아는 체 해." 나는 속으

로 나 자신에게 말했다. "그녀는 괜찮을 거야. 어쨌든 지금 저 여자는 당
황하고 있는 것으로 보이지는 않아. 아마도 그녀는 자신이 잘못된 대답
을 했다는 사실을 모두 잊었거나, 아니면 적어도 그녀가 그러기를 원하
고 있다고 난 단언할 수 있어. 그녀에게 말을 거는 것은 오히려 일을 악
화시킬 뿐일 거야. 동정받기를 좋아하는 사람은 없으니까. 그보다는 아까
내 마음을 찔렀던 수업 내용에 관해 선생님하고 이야기나 해야겠다."

　자, 나 같은 사람, 즉 상처받은 사람과 대화하는 것을 직업으로
갖고 있는 사람에게 있어 격려가 필요한 것이 분명한 한 젊은 여인에게
몇 마디 간단한 격려의 말을 해주는 일을 못하게 막는 것은 무엇인가?
이유는 두려움이다. 그 두려움은 거절당하는 데 대한 놀라울 정도의 공
포가 아니라, 단지 약간 불편한 상황일 수도 있는 몇 분의 시간을 보내
야 한다는 데 대한 가벼운 두려움이다. 그렇지만 나는 성경 주석에 관해
선생님과 이야기를 나누는 편안한 쪽을 택했던 것이다.

　두려움의 원인이 크게 거절당하는 것 때문이든지 혹은 가벼운 불쾌
감 때문이든지 간에 궁극적인 해결책은 마찬가지다. 나는 크게든지 최소
한으로든지 기꺼이 불쾌감을 느껴야 하며, 기꺼이 그러한 손실을 감당해
야 한다. 그 손실이 모든 것이 되든 혹은 몇 분간의 사교상의 안락함이
든 감당해야 하는 것이다. 무슨 일이 일어나든지 기꺼이 감당하겠다고 결
심함으로써 내가 두려워하는 것을 받아들일 때에만 두려움은 그 위력을
잃을 것이다(요한일서 4 : 18).

　그리스도의 완전한 사랑은 내가 두려움에 직면하는 데 필요로 하
는 것을 제공해 준다. 그리스도 안에서 나는 결코 잃을 수 없는 관계, 다
른 모든 것이 나를 저버릴 경우에도 나를 지탱시켜 주기에 충분한 어떤
관계를 소유하고 있다. 나는 나 자신을 다른 사람들의 삶에 연관시키는
팽팽한 줄을 건너가는 위험을 무릅쓸 때 저 밑에서 나를 받아줄, 끊어지
지 않는 안전망을 갖고 있는 것이다.

　하나님께 복종하기 위해서 필요하다면 내 모든 인간 관계(찬성, 승
인, 사랑 등)를 기꺼이 버리겠다고　의지의 행위로써 언명할 때, 나는
두려움의 혼란으로부터 자유로울 수 있는 것이다. 그리고 인간 관계를 손
실하는 데 대한 두려움으로부터 자유로와질 때에만 내 행동 동기는 사랑
의 참모습에 접근할 수 있을 것이다. 당황하고 있는 어떤 낯선 사람을 주

일 학교에서 만났을 때, 혹은 자신의 문제를 심각할 정도로 잘못 취급하고 있는 친구를 만났을 때, 나의 말은 사랑으로써 유발된 경우에만 격려의 힘을 갖게 될 것이다. 이 모순점을 주목해 보라. 한 사람을 사랑하기 위해 나는 그 사람과의 관계를 기꺼이 손실해야 하는 것이다. 하나님이 아닌 어떤 것이나 어떤 사람을 의존적으로 붙드는 것은 궁극적 형태에 있어 우상 숭배이다. 우상 숭배는 그 근본에 있어 그릇된 신에 대한 두려움이다.

　　　이 고상한 개념들의 실제적 완성 작업은 복잡한 일이 아니다. 주일학교에서 만났던 그 얼굴 붉어진 여인에게 무언가 이야기를 해줘야겠다고 생각했을 때, 나는 그 생각을 내 손에 꽉 쥐고 조종해야 했었다. 나는 "좋다, 내가 저 여자에게 다가가면 잠시 어색한 분위기가 될지도 모른다. 그녀는 불쾌하다는 듯한 표정을 하고 가버릴지도 모른다. 그녀를 피하기로 하는 것이 확실히 내게는 편안하지. 하지만 편안한 것이 내 목표는 아니다. 내 목표는 하나님의 뜻이다. 난 그분의 축복의 도구가 되기를 진실로 원하고 있지 않은가. 그리고 내가 그녀를 격려하려고 노력한다면 나는 하나님께 복종하게 되는 것이고, 그녀에게도 도움이 되는 것일 뿐만 아니라 하나님과 나와의 관계도 더욱 깊어지게 되는 것이지. 어떤 대가를 치르든 그것이 가치있는 것이다. 젠장, 두렵든 두렵지 않든 간에 난 내가 저 여자를 격려하기 위해 어떤 일을 할 수 있는지 확인하고 말테다. 그녀는 마치 내 도움을 받아들일 수 있을 것처럼 보이는군"이라고 생각했어야 한다. 격려가 될 만한 위력을 지닌 말은 두려움이 아닌 사랑에 의해 유발된 말이다.

조건 2 : 두려움을 겨냥할 것

격려가 되기 위한 말은 그 동기가 사랑이어야 한다는 것이 첫째 조건이다. 두번째 조건도 마찬가지로 중요하다. 즉, 격려의 말은 두려움을 향해 가야 한다. 나의 사랑으로부터 상대방의 두려움으로 방향을 잡아야 하는 것이 원칙이다. 비난의 말, 권면의 말, 암시의 말, 가르침의 말 혹은 동정의 말도, 만일 그것이 하나님의 목적 성취를 돕기 위한 것이라면, 그리고 격려의 말로서의 자격을 갖기 위한 것이라면 모두 이 두 조건을 충족시켜야만 한다.

　　타인의 두려움을 우리가 할 말의 과녁으로 삼는다는 것은 이야기
하기는 쉽지만 그 개념이 잘못 이해되는 경우가 종종 있다. 너무나 많은
사람들이 그 말을 이렇게 추론한다. "타인에게 친절하게 대해 주고 그를
지탱시켜 주며 그의 생각을 인정해 줌으로써 용기를 북돋아주는 이 모든
일은 사실상 과녁을 빗나가는 행동이다. 그렇게 한다고 해서 문제의 실
상이 밝혀지거나 죄의 약점이 증명되지는 않는다. 옛 사람을 벗고 새 사
람을 입기 위해서 사람들은 보다 적은 긍정, 보다 많은 훈계를 필요로
한다."

　　"실행적 개성"(executive personalities)을 지닌 사람들(이들은 친밀
한 친구를 갖고 있는 경우가 드물다)은 책임에 대하여 무자비하게 사람
들을 공격한다. 이들은 사람들이 헌신하고 증거하고 교회에 출석하고 십
일조 생활을 하게 하기 위해서 가능한 모든 방법을 다 사용하여 압력을
가한다. 기질상으로 어쩔 수 없는 어떤 사람들은 그런 압력에 순응하여
평탄하게 영적 성숙의 길을 따라 걷고 있는 것으로 보이기도 하는 반면,
그에 저항하는 사람도 있다. 하지만 어느 경우에나 하나님을 향해 마음
이 움직이는 일은 거의 생기지 않는다.

　　"너는 네 자신 사랑하기를 배워야 한다"는 말을 주요 지침으로 삼
고 있는 그리스도인들에게 아직도 유행하고 있는 이기심(self-love) 예찬
풍습은 또다른 극단으로 치닫게 함으로써 가혹한 훈계자들에게 반응하게
만든다. "우리는 단지 친절과 무조건적인 보살핌만을 원한다. 연단을 요
구하는 훈계, 헌신하라는 압력은 모두 영적으로 성숙하는 데 역행하는
것들이다. 성숙하기 위해서 사람들에게는 따뜻하게 받아들여 주는 분위
기가 필요하다. 개인적 성숙은 사랑의 관계 내에서만 진전될 것이다"라
고 그들은 생각하는 것이다.

　　이런 사람들은 인본주의(humanism)를 매도할 위험에 처해 있는 사
람들이다. 이 비성경적인 철학은 인간이 선천적으로 선하다고 단정하고
있으며, 그 선을 표현하는 것을 사회가 법률 제도와 제재 제도로써 방해
할 때에 문제가 생기는 것이라고 주장한다. 그리스도인들은 인류가 죄악
속으로 타락한 근본적 결과를 깨달음으로써 그러한 사고로부터 자기 자
신을 멀리해야 할 필요가 있다. 사실, 인간은 자신의 인생을 하나님의 성

품과 같게 만들려는 본능적 경향을 갖고 있지 않다는 말이 옳다. 인간에
게 있어 의의 길에서 빗나가는 행동은 야생마에게 있어 이리저리 뛰어오
르는 것이 자연스러운 것만큼이나 당연한 일인 것이다.

성령에 의하여 영적으로 거듭나면 우리는 새로운 동기와 목표를
갖게 되지만, 우리의 죄악된 성향은 그대로 남는다. 그래서 우리에게는
훈계와 질책과 연단이 필요한 것이다. 그리고 성경은 바로 그러한 것들
로 가득 차 있다.

만일 우리가 아모스 선지자에게, 그가 사역하던 당시의 유대인들
이 사랑과 선행을 꽃피우기 위해서 그들의 진정한 자아에게는 오직 사랑
의 환경만을 필요로 하는, 본질적으로 협조적인 사람들이었다고 말한다
면 그는 아마도 비웃을 것이다. 성경은 더 위대한 사랑과 더 훌륭한 행동
으로 서로를 "격려하라"고 가르치고 있다(히브리서 10 : 24). 사람들이
경건한 삶에 접근할 때까지 소극적으로 그들을 받아들여 주기만 하는 것
은 격려에 대한 성경적인 전략이 아니다.

즉, 격려는 "준엄한 훈계"라 정의되어서도 안 되고 "용인해 주는
온정"이라 정의되어서도 안 되는 것이다. 두 가지 모두 격려하는 일 속
에 포함되기는 하나, 격려가 무엇인지 그 본질을 말해 주는 것은 아니다.
진정한 격려인가 아닌가는 격려자에게 있어서의 사랑이라는 동기뿐만 아
니라 다른 사람의 필요를 면밀하게 분별할 수 있는 지혜에 달려 있다. 그
러한 것을 근본으로 하여 입에서 나오는 실제적인 말은 훈계의 말이나 질
책의 말일 수도 있고 잘못을 고쳐 주는 말, 비난하는 말, 교훈의 말, 설
명하는 말, 동정하는 말, 되튀기는 말, 단정하는 말, 혹은 자신을 드러
내 놓는 말일 수도 있다. 사랑이라는 동기에서 나온 말이라면, 그리고 두
려움을 과녁으로 하는 말이라면 그 말은 격려의 말이 되는 것이다.

그 경건한 노인이 이제 막 더듬거리며 이단적인 기도를 마친 청소
년에게 이야기했을 때, 그의 말은 친절한 관심으로부터 나온 말이었으며,
그 젊은이의 의구심을 의식했음을 반영하는 말이었다. 그래서 노인의 말
은 결과적으로 그에게 격려가 되었던 것이다.

주일학교에서 바보처럼 보였을까 봐 당황해하던 그 여인의 두려움
을 나는 알고 있었기에 그 때 내가 간단한 인사의 말이라도 했다면 그녀
에게 격려가 되었을 것이다.

다음 사항에 주목해 보라. 두려움을 겨냥하는 말을 한다는 것은 반드시 두려움에 관해 공공연히 이야기한다는 것을 의미하지 않는다. 말을 하는 사람이 상대방의 두려움을 의식하고 말을 해야한다는 뜻이다. 나는 모든 격려의 말들이 두려움에 관한 진술들을 포함하고 있어야 한다고 주장하지는 않는다. 모든 격려의 말이, 사람들은 궁핍하고 두려움에 차 있다는 사실에 대한 깨달음을 반영하는 말이어야 한다는 것이다. 어깨를 스치고 지나는 사람들은 궁극적으로 저항할 수 없는 삶의 문제, 하나님의 영광을 위해서가 아닌 실제 삶의 문제에 직면해 있다는 사실을 격려자들은 계속적으로 자기 자신에게 주지시켜야 한다. 그것이 바로 지극히 사소한 대화를 나누면서도 그 말 속에 상대방을 격려하는 힘을 갖는 비결이다.

누군가가 당신에게로 다가와서 "안녕하십니까?"하고 묻고 당신은 언제나처럼 "예, 감사합니다"라고 대답하는 경우가 있을 것이다. 이렇게 간단한 인사 교환은 즐거운 일이고 서로에게 아무런 피해도 끼치지 않으며 또 쉽게 잊혀진다. 그 같은 일은 급료를 은행에 예금하고 났을 때 예금 계원이 당신에게 아무 의미없이 "안녕히 가십시오"라고 말하는 것보다 결코 의미있는 일이 아니다. 그러나, 또다른 사람이 좀 전의 사람과 똑같이 당신에게 인사했을 때, "네, 좋아요. 감사합니다"라는 당신의 답례에는 아까보다 좀더 의미깊은 무언가가 있을 것이다. 아까와는 다른 진지한 무엇인가가 당신의 대답 속에 있음을 당신은 느낄 것이다. 어쩐지 그 순간은 의미있게 느껴지는 것이다. 그리고 당신은 좀더 당당한 자세로 발에 용수철이라도 달린듯 가벼운 발걸음을 옮겨 놓을 수 있을 것이다.

똑같은 질문에 똑같은 대답, 비슷비슷한 말들이지만 때로는 주고 받으면 늘 있는 일상적인 일이 되면서도, 또 때로는 한 번 주고 받으면 생기를 주고 마음을 따뜻하게 해주는 말이다. 그 차이는 무엇인가? 대답은 의미심장한 것이기도 하고 간단하기도 하다. 첫번째 인사는 층(layer)에서 층으로 오고 간, 자기 본위의 동기에서 상대방 인격의 외부로 전해진 말이다. 두번째 인사는 사랑에서 두려움으로 전해진, 상대방 중심의 마음으로부터 그 인사말을 귀중한 것으로, 또 어떤 의미에서 진심으로부터의 인사말로 민감하게 받아들이는 사람에게로 전해진 말이다.

타인을 격려할 때, 격려자는 사람들의 내면에서 어떤 일이 일어나고 있는지 어느 정도 의식할 것과, 다른 사람을 귀중하게 생각하고 있다는 순수한 마음을 반영하는 말을 할 것이 요구된다. 모든 문제에는 반드시 해결책이 있다는 희망, 그리고 영원이라는 견지에서 볼 때 인생은 의미 있는 것이라는 희망을 일깨우는 것이 격려의 효과이다. 소망은 더 큰 사랑을 할 수 있게, 더 훌륭한 선행을 할 수 있게, 그리고 곤고와 유혹에도 불구하고 인내심을 갖고 경건한 삶을 살 수 있도록 사람을 자극시킨다.

문제의 요점은 중요하다. 격려하는 일은 우리가 통달해야 할 어떤 기술이 아니다. 그것은 사람들에 대한 민감성, 그리고 하나님에 대한 확신이다. 우리는 그것을 키워나가야 하며 또 행동으로 보여 주어야 한다.

두려움을 겨냥한 말은 격려의 효과가 있지만 꺼풀을 겨냥한 말은 긴장감을 낳는다. 누군가가 내게 와서 자신은 나의 고통을 이해하고 있으며 적어도 이해하려 노력하고 있다고 말한다면, 그런 그의 말이 나의 감정을 그가 눈치채고 있음을 반영하는 말이라면, 나는 그에게 내 자신을 드러내 놓은 셈이다. 그리고 그에게 드러난 것은 나의 두려움이다. 꺼풀이라는 구조는 모두가 노출로부터 나를 보호하기 위해 고안된 것이다. 그러나, 통찰력 있는 친구 앞에 감정적으로 벌거벗은 채 서 있을 때, 그리고 나를 소중한 존재로 생각하고 있다는 그 친구의 말을 들을 때 나는 큰 격려를 얻는다. 나는 내 있는 모습 그대로를 보여 준 것이고, 그래서 아직 희망은 있는 것이다. X-레이를 찍고 나서 의사는 찍혀 나온 사진을 검토한다. 그는 내 건강 상태가 어떤지를 알아냈고, 그리고 그는 미소지었다. 수술을 해야 된다. 회복하는 데엔 고통이 따를 것이다. 그러나 나는 살아날 것이다.

격려의 완전한 모범은 그리스도와 우리 관계 내에서 놀랍지 않게 발견된다. 주 예수께서는 우리를 죄인이라 선언하셨고 우리의 온갖 불결함 속에 우리를 노출시키셨다. 진단 결과는 우리가 염려하던 것보다 더 나쁘게 나왔다. "내 속 곧 내 육신에 선한 것이 거하지 아니하는 줄을 아노니"(로마서 7 : 18).

우리는 화가 나 있으실 것이 분명한 그분 얼굴을 보기가 두려워 그분 앞에서 몸을 움츠린다. 그분의 입에서 마땅히 거절의 말이 나올 것을 기다리고 있을 때, 우리는 우리 마음을 뛰게 만드는 말, 너무도 예상밖의 말이기에 놀라움으로 눈이 번쩍 뜨이게 만드는 말을 듣는다. 우리는 다시 한번 똑같은 말씀을 듣는다. 감히 고개를 들었을 때 우리는 그분의 따스하고 자애로운 미소를 보았다. 그리고 놀라는 우리를 향해 부드럽게 웃으시며 재차 말씀하시는 것을 우리는 들었다.

"나는 너희를 정죄하지 않겠노라. 나는 너희를 용서한다. 나는 너희를 사랑하며 너희가 사랑과 용서의 좋은 소식을 전파하려는 내 영원한 계획의 한 부분이 되어 주기를 원하노라." 그 때 나는 영원한 격려를 받는다. 그분은 그분의 사랑으로부터 나의 두려움에게 말씀하셨다.

하나님의 완전한 사랑은 모든 두려움을 몰아낸다. 초라하며, 다행스럽게도 향상되고 있긴 하지만 여전히 그분의 사랑에 대한 빈약한 모방일 뿐인 우리의 사랑은 두려움을 줄일 수 있다. 자신의 두려움이 누군가의 통찰력으로 말미암아 노출되고 사랑에 의해 완화될 때, 사람들은 격려를 받는다. 격려한다는 것은 사랑에 의해 유발된 말, 그리고 두려움을 향해 가는 말을 하는 것이다.

요 약

격려의 말은 말하는 사람의 사랑이라는 동기에 의해 유발되며, 듣는 사람의 두려움을 향해 간다.

말하는 사람의 두려움에 의해 유발된 말 (즉, 꺼풀로부터 하는 말), 그리고 듣는 사람의 방어 조직 (혹은 층 / layer)으로 향하는 말은 긴장감만을 조성한다. 그것은 격려가 아니다.

사랑으로부터 말할 수 있기 위해 격려자들은 모든 것이 다 그를 버려도 그리스도께서는 버리지 않으실 것이라 확신함으로써, 다른 사람들과의 관계 손실 등, 자신이 두려워하는 것을 기꺼이 감내해야 한다.

오직 그리스도와의 관계에만 의존하면서, 격려자들은 인간은 소중한 존재인 동시에 두려워하는 존재이기도 하다는 것을 계속 인식하고 있어야 한다. 자신이 하는 모든 말 가운데 그 깨달음을 반영함으로써 그들의 말은 타인에게 격려가 되는 것이다.

9
격려 :
변화를 위한 배경

얼마 전에 나는 "무엇이 사람을 진실로 변화시키는가?"라는 중요한 문제를 중심으로 다른 그리스도인 상담자들과 토론을 벌였었다. 우리들은 모두 성경적 규범으로써 우리의 사고를 측정하는 복음주의자들이었고, 변화의 궁극적이고 필수불가결한 동인(動因)은 성령이시라는 사실에 의견을 같이했다. 성령의 역사가 없다면 완전한 경건에 이르려는 의미있는 움직임은 있을 수 없는 것이다.

그러나, 우리의 관심사는 이 핵심적인 일치점 그 이상의 것이었다. 우리는 상담자로서 타인에게 진정 영향을 끼칠 만한 힘을 지닌 그 무언가를 지니고 있는가를 생각했던 것이다. 상담자들은 남에게 진정 도움이 될 만한 그 무엇을 제시해야 하는가? 인간의 성격을 꿰뚫어 볼 수 있는 통찰력, 전문화된 언어상의 기교, 분명한 긍정의 뜻을 전달해 줄 수 있는 능력. 설득력, 심리적인 문제에 대한 지각력, 효과적으로 사는 법에 대한 지식이 그것인가? 치과 의사는 충치를 치료하는 데 필요한 기술을 갖고 있다. 그런데 상담자들은 무엇을 가지고 있는가?

질문에 대한 대답에 따라 거기 모인 사람들은 두 부류로 대별되었다. 한 그룹은 상담에 있어 중심 요소는 상담자와 피상담자(상담을 받는 사람) 사이의 관계라고 생각했다. 명확한 이해와 통찰력 있는 상호 작용을 통해 표현된 진정한 염려가, 그리스도인 상담자들이 진척시키고자 하는 변화를 촉진시켜 줄 것이라고 그들은 생각했다.

두번째 그룹은 언뜻 보기에 첫번째 의견에서 강조점만을 약간 변동시킨 것처럼 보이지만 사실상 근본적으로 상이한 견해를 표명했다. 이들의 생각에 따르자면, 변화에 있어서의 효율적인 작인(作因)은 "관계"

가 아니라 "명백하고 권위있게 제시된 진리"라는 것이다. 사람의 지식과 행실에 있어 진리에서 벗어난 것이 무엇인지 밝혀내고, 복종하든지 혹은 거역하든지 응답을 요구하는 방법으로 그 사람이 진리를 위배하고 있음을 보여 주는 것이 상담자가 할 일이라는 것이다.

나는 이 양쪽 입장 모두에 관해 걱정을 느꼈고, 또 그들 사이에 적절한 보완점이 있을 것이라는 생각이 떠올랐다. 나는 사랑과 용인 (acceptance) 에 관한 많은 성경 구절들을 생각해 낼 수가 있었는데, 그 생각은 내게 첫번째 그룹의 견해에 흥미를 갖게 하였다. 그러나, 진리에 순종해야 한다고 성경이 강조한 것을 생각하면 두번째 입장에도 마찬가지로 귀를 기울여야 했다.

숙고를 거듭한 결과, 아마도 변화는 진리가 관계 내에 표현될 때 발생하는 것이리라는 데에까지 생각이 미쳤다. 방어하지 않는 자세로 하나님의 진리를 들을 수 있고 따라서 더욱 깊이 감동될 수 있는 분위기를 창출해 내는 관계, 깊은 마음 씀씀이와 분명한 관심이 존재하는 관계가 아마도 변화를 위한 배경일 것이라는 생각을 하게 된 것이다.

관계와 진리라는 두 특성은 마치 커피잔과 커피처럼 서로를 보완한다. 하나가 없는 나머지 하나는 거의 무가치하다. 진리에 대해 동등한 정도의 뚜렷한 강조를 두지 않은 채 관계에만 초점을 맞춘다면 방향없이 일에 휘말려들게 되는 결과를 낳는다. 상담자에게서 온정을 느끼는 사람은 기분이 훨씬 좋아졌다고 말할는지도 모르고 또 그들이 안고 있는 문제가 어느 정도 줄어들 수도 있다. 그러나, 문제가 그렇게 진전한다는 것이 진정 그리스도인으로서의 성숙을 향한 움직임인지 확실히 판명하기는 어렵다.

다른 한편, 사랑의 관계에 대한 사람들의 갈망을 분별력 있게 알아채지 못한 채 진리만을 내세워서 문제점을 밝혀 내는 것은 법률을 존중해야 하는 밀폐된 공간 속으로 혼란에 빠진 사람들을 밀어 넣는 것과 다를 바가 없다. 행동은 변화할지 모르지만, 내적인 현실은 그리스도로 말미암는 자유와 사랑을 체험하지 못한 채 강제적으로 적응하고 있는 상태일 것이다. 진리 없는 관계는 우리를 천박한 감상주의로 이끈다. 또한 관계가 무시된 진리는 긴장감, 그 다음에는 마찰, 결국에는 환멸 혹은 자만을 낳는다.

　　우리는 관계와 진리 둘 다를 필요로 한다. 우리의 상담 사역은 둘 모두를 필요로 한다. 우리의 가정에도 그 두 가지가 다 필요하며, 우리의 교회에도 둘 모두가 필요하다. 진정한 경건함을 지향하는 본질적인 움직임을 촉진시키기 위한 가장 효과적 전략은 "관계"라는 상황 내에서 "진리"를 표명하는 것이다.

　　관계는 응어리진 두려움을 축소시킴으로써 방어층에 구멍을 뚫어 주고, 마음을 연 사람들은 그 구멍을 통해 진리에 도달한다. 그 때 성경에 근거한 개념과 원칙들은 한 인격의 신경 중추부에 도달하여 두려움을 제거시켜 주고, 뉘우침과 회개 그리고 자비로우시며 거룩하신 하나님에 대한 믿음을 일깨워 줄 수 있는 것이다.

　　진리를 명쾌하게 제시해 주는 것이 교사의 할 일이라면, 그 집단의 할 일은 서로를 격려해 주는 것을 통해 관계를 발전시키는 것이다. 교사들은 아직 격려받지 못한 사람에게 변화를 종용하는 경우가 너무 많다. 그런 사람들은 변화한다고 해도 피상적으로 변화할 뿐이다. 그들은 규칙적으로 교회 집회에 출석하고, 경건의 시간을 갖기 위해 일찍 일어난다. 그리고 자신의 믿음을 다른 사람과 나눌 줄도 안다. 그러나, 그들에게는 무언가가 빠져 있다. 그들은 영광을 향하여 바삐 나아간다는 의미가 주는 은밀한 흥분을 거의 느끼지 못하는 것이다. 우리가 교회 안에 있는 격려받지 못한 그리스도인에게 진리를 제시하는 것은 성경적 의미에서의 기독교 정신을 증대시키는 데 조금도 기여하지 못한다.

　　그러나, "사랑이 있는 관계를 긍정하고 그런 관계를 맺음으로써 하나님 사랑의 진리를 실현한다"는 목적으로 하나님 말씀이 가르치는 것의 중요성을 깎아내리는 교회도 그보다 나을 것이 없다. 우선 진리를 알지 않고는 진리를 체험할 수 없다. 성경에 나타난 계시의 온전한 범위와 깊이를 무시하고 단지 진리의 부분 부분에만 중점을 두는 행위도 강하고 성숙한 그리스도인으로서의 성품을 형성시키지 못한다. 겉으로는 영적인 성숙성으로 보이는 것일지라도 사실에 있어서는 시험이 닥치면 곧 무너지고 말 수준 높은 정서(情緖)에 불과하다.

　　진리와 관계 둘 다를 소유하기 위해 우리는 두려움을 줄여주는 관계를 누리고 있는 사람, 서로를 격려하고 있는 중인 사람들에게 진리를 제시하는 교회를 기대해야 한다. 지교회의 사람들에게 미칠 수 있는 격려의 효과에 대해 생각해 보라. 강단에서, 주일학교에서, 성경 공부 모임을 통해, 특별한 회의나 세미나에서 진리가 격려받지 못한 회중과 격려받은 회중에게 각각 제시될 때 어떤 차이가 발생할 것인가?

격려받지 못한 회중에게 진리가 제시된 경우

"난 목사님의 설교가 좀더 실제적이었으면 좋겠어." 이는 주일 아침 예배가 끝난 후 주차장에서 자주 들을 수 있는 불평이다. "목사님은 내게 실제적 도움이 전혀 안 되는 일에 관해서만 말씀하시거든. 평범한 사람에게 있어서 삶이란 게 어떤 것인지 그분은 과연 알고 계시는 걸까?" 그리고 이러한 불평이 이 사람 저 사람을 거쳐 목회자의 귀에 흘러들어감에 따라 회중들은 좀더 적절한 설교를 하고자 하는 그의 노력을 눈으로 보게 되는 것이다.

　　"적절하다"는 딱지가 붙은 설교는 하나님에 관해서보다 사람들에 관해서 하는 설교일 경우가 많다. 흥미진진한 예화들이 지루한 성경 주석을 대신한다. 웅변적인 어투가 영적 능력을 몰아내고 그 자리를 차지한다. 성경의 숨겨진 보배를 발견해 내는 힘 있는 가르침은 자신들의 현실에 이르기를 원하는 사람들의 필요에 희생당한다. 자연히 설교자는 "하나님께서 말씀하신 것"을 찾는 설교가 아닌 "사람들이 필요로 하는 것"을 자세히 조사하는 설교를 준비하게 된다. 그리고 목회자는 사람들이 듣기 원하는 것만을 말하게 될 위험을 향해 조금씩 다가가는 것이다.

　　껍풀 뒤에서 하는 말을 들을 때, 사람들은 진리에 의해 감동되지 않는다. 교회에 출석하는 목적은 성숙한 그리스도인으로 장성하는 데 도움이 될 만한 것을 발견하기 위해서가 아니라, 위험으로부터 보호된 안락한 삶을 계속 누리기 위해서이다. 그런 목적을 가진 사람에게 있어서 성경의 진리란 결코 적절한 것이 되지 못한다. 그것은 플로리다를 향해 가는 여행자에게 알래스카로 가는 방향을 알려 주는 것 만큼이나 무익하다.

　　껍풀로 자신을 감싸고 있는 사람들은 어느 정도의 안락한 삶을 계속 유지하기를 원하게 되어 있다. 안락한 삶을 유지하기 위해 그들은 성경적 진리의 빛 안에서 자신을 성찰하는 일을 빈틈없이 회피해야만 하는

것이다. 그래서 성경에 충실한 설교가 행해질 때, 그들의 불평은 시작된
다. "저 설교는 정말 내게 아무런 도움도 되지 않아."

목회자는 강해 설교가 실제 삶을 변화시키지 못한다고 결론을 내림
으로써 그러한 불평에 응답한다. 심각한 성경 연구를 강조하면 출석율이
떨어지는 것을 그는 알았다. 그래서 생명을 주는 진리보다는 단순한 사
실로써 사람들의 마음을 채워 주기로 그릇된 결심을 했다. 그렇게 그는
설교에 접근하는 방법을 바꾸었다.

그러나, 문제점은 설교에 있는 것이 아니다. 과실이 있는 쪽은 설
교를 듣는 사람이다. 회중의 대다수가 꺼풀 뒤에 자신을 은폐시키고 생
명의 진리를 감지하지 못하는, 격려받지 못한 사람들이라는 것이 아마도
진정한 문제점일 것이다.

설교가 "부적절하다"는 비판을 받을 때 "성경에 의거한 설교"에
서 "필요를 충족시켜 주는" 설교로 변동시키는 것은 옳지 못하다. 설교
가 성경적이라면 그것은 적절한 설교이다. 그러나, 만일 성경적 설교가
부적절하게 보인다면 그것은 아마도 듣는 사람들이 자신의 꺼풀 뒤에서
듣고 있기 때문일 것이다.

박진감 있는 개성적인 스타일을 위해 자신의 설교에서 성경적 가
르침의 초점을 제거해 버린 목회자는 재고(再考)해 보아야 한다. 설교
자가 성경 본문을 알리고 그 본문 내용을 파악하고자 고심한 흔적이 없
는 가벼운 말을 전한다면, 그들은 자신의 소명을 다하지 못하는 것이다.
성경적 설교로 되돌아옴과 동시에 자신의 성도들을 단호한 시선으로 살
펴보는 것이 옳을 것이다. 그들은 격려를 받았는가? 격려가 무엇인지 그
들은 알고 있는가? 성도들은 서로를 격려하는 일에 능동적 관심을 갖고
있는가?

설교가 부적절하다는 불평에 가장 적절한 대응은 자기 방어를 위
해 교묘히 행동하는 사람들이 그리스도를 드높이는 일로 행동 동기를 변
화시킬 수 있도록 도움을 주는 것이다. 이러한 변화는 격려에 의해 용이
해질 수 있다. 격려 작업이 없다면 사람들은 계속 자기의 꺼풀 뒤에서 설
교를 들을 것이며 진리는 그들의 마음을 파고들지 못할 것이다.

격려받지 못한 어떤 사람이 하나님의 진리를 듣는다면 다음 두 가

지 일 중의 하나가 발생한다. 즉, 성경적 원리가 그의 꺼풀을 통과하지 못하는 데 그치거나, 또는 그 원리가 그 사람의 두려움을 가중시켜 결과적으로 그의 꺼풀을 더 두껍게 만들거나 둘 중의 하나이다. 이 양자택일의 문제가 다음과 같은 빅(Vic)과 랠프(Ralph)의 체험 가운데 설명되어 있다.

빅은 성공한 사업가로서 항상 정장을 갖춰 입고 클럽에서 저녁 만찬을 드는 그런 사람이다. 어떤 공개석상에서도 그의 태도는 늘 품위가 있었고 자유롭게 사교 생활을 즐겼다. 그는 중산층의 가정에서 자라났는데, 그의 아버지는 부를 획득하는 길을 한번도 찾지 못한 사람으로서 얼마 안 되는 한정된 수입을 가지고 생활하는 것이 얼마나 힘든지를 알고 있는 사람이었다. 빅의 부모는 돈 때문에 말다툼이 잦은 결혼 생활을 겨우 유지했었다. 빅은 부족한 생활비로 간신히 가계를 꾸려 나가는 어머니에게서 입버릇처럼 흘러나오던 불평소리를 지금도 기억하고 있다.

그러나, 빅은 지금도 압박감을 느끼고 있다. 확신에 가득 찬 그의 표정 이면에는 짙은 두려움이 깔려 있다. "나는 아버지보다 성공해야 한다. 그렇지 않으면 아버지처럼 불행하게 될 테니까." 오로지 이런 생각으로 그는 열심히 자기 왕국을 구축하였고 그 결과, 충분한 수입, 저명인사들을 이웃으로 하는 훌륭한 가정, 최신 유행의 승용차 두 대, 컨트리 클럽의 회원 자격을 소유하게 되었고, 중산층의 그리스도인들로부터 해방되어 자족(自足)과 성공이 있는 상류 생활을 누리게 된 것을 축하하기 위해 저녁 식사 전에 칵테일을 빈번히 즐길 수 있을 정도의 여유까지 생겼다.

빅은 신앙을 고백한 그리스도인이었기 때문에 교회 출석, 식사 전의 기도, 그리고 때때로 갖는 가정 예배도 그의 성공의 짐꾸러미 속에 포함되어 있었다. 그러나, 이 모든 것은 불충분함에 대한 깊은 의식을 자기 자신에게조차 감추려는 데에 이바지하는 것들일 뿐이었다. 그 깊은 무력감은 그로 하여금 성공을 눈으로 확인할 수 있는 일을 자꾸 하게 만들었다. 그의 두려움은 깊었고 그를 감싼 꺼풀은 두꺼웠다.

교회에 출석하는 대부분의 사람들은 빅을 좋아했다. 그는 알고 지내기가 유쾌한 사람이었다. 그러나, 진실로 그를 아는 사람은 없었다. 그가 어떤 사람인지 알 수 있을 만큼 그에게 가까이 접근했던 사람은 하나

도 없었다. 그의 두려움은 보이지 않게 잘 가려진 채 남아 있었고, 너무
나 잘 숨겨져 있기 때문에 심지어 그 자신도 문제점을 검증하고 두려움
을 줄이는 것이 자기 삶의 목표라는 것을 잊을 정도였다.

아무도 그를 이해하지 못했기 때문에 아무도 진정으로 그를 격려
해 주지 못했다. 두려움이 계속 그의 인생을 은밀하게 지배하였으므로,
그의 꺼풀은 굳게 자리를 지키며 아무것도 그의 그릇된 안도감을 종식시
킬 수 없을 만큼 두꺼워졌다. 빅은 자신의 영적 빈곤함에 대해서는 장님
이었다.

호세아 선지는 신앙을 저버린 당시 유대 민족의 상황을 표현하기
위해 이와 유사한 장면을 묘사했었다. "저는 백발이 얼룩얼룩할지라도 깨
닫지 못하는도다"(호세아 7 : 9). 도덕적으로 노쇠했다는 징표들이 눈에
보였으나 백성들은 그것을 영적 건강이 왕성하다는 데 대한 징표인 줄로
생각했었다. 호세아는 백성들의 눈이 죄로 오염되어 있기 때문에 또렷하
게 눈에 보이는 죄의 징표가 그들에게는 보이지 않는 것이라고 비난했었
다.

이 두 가지 비슷한 경우의 요점은, 노쇠의 증거를 깨닫지 못하는
것은 자연스럽지 않다는 것이다. 몇 해 동안 만나지 못했던 친구들을 우
연히 만났을 때, "내가 보기에 살이 좀 찐 것 같구나" 혹은 "관자놀이
주위에 흰 머리털이 좀 늘었군"이라고 논평하는 이야기들을 자주 듣는다.
그들은 내가 그런 것을 깨닫지 못했으리라고 생각했을까? 때때로 나는
심술궂은 응수를 즐기고 싶다는 유혹이 생겨 이렇게 말한다. "자네는 정
말 꼭 통자루 같은데. 얼굴엔 내가 기억하던 것보다 주름살이 더 많아졌
고 말이야." 그러나, 그들이 내가 깨닫고 있는 것에 아무것도 더 덧붙이
지 않은 것처럼 나도 그들이 이미 알고 있는 것보다 더 과장해서 말하지
는 않는다. 우리 모두에게 있어 육체적 쇠퇴의 증거를 분명히 깨닫는 것
은 아주 당연한 일인 것이다.

그러나, 사람들은 자기 자신을 솔직하게 보기를, 도덕적 타락의 증
거를 보기를, 꺼풀 밑을 살펴서 탐욕과 두려움과 교만을 드러내 놓기를
두려워한다. 우리들 중의 많은 사람들이 편안한 영역을 발견하고는 아무
도 그것에 간섭하지 않기를 바란다. 나는 교회 성가대에서 활동하고 교
회의 일에 봉사하는 사람 중에도 빅과 같은 사람이 많을 것이라고 생각
한다. 그들은 아무리 받아들이기 쉽게 제시해 주어도 성경적 진리의 빛

을 보지 못한다. 문제점과 정면 대결하게 될 전조를 조작해 오기를 수 년 동안 계속했기 때문에, 문제를 부인하는 과정이 이제는 거의 자동적으로 이루어진다. 빅은 회오의 아픔을 전혀 느끼지 않고도 설교를 처음부터 끝까지 듣고 앉아 있을 수 있게 된 것이다. 그는 득의만만해 있으며, 그런 자만심은 진리를 선택적으로만 인정함으로 해서 더욱 강화되는 것이다.

랠프의 경우는 좀 다르다. 그는 최하급의 화이트 칼라 노동자이며 생활은 눈에 띌 정도로 불안정하고 특별한 재능도 없으며, 마찬가지로 특별한 재주가 없는 여자와 결혼했다. 그는 체육 시간에 축구공을 놓치기도 하고 C 학점을 받는 정도의, 성적이 썩 좋지 못한 평범한 아이들의 아버지였으며 여가 시간은 텔레비전 시청과 허드렛 일로 소일하는 사람이었다. 랠프는 자신이 쓸모없고 보잘것 없는 존재라는 두려움으로부터 자신을 보호해 줄 수 있는 효과적인 꺼풀을 만들 만한 수단을 전혀 소유해 본 적이 없는 사람이었다. 빅의 것과 달리 랠프의 꺼풀은 그를 자족의 결핍 상태에 놓아 둔 것이다. 그가 할 수 있는 일이란 고작 TV를 보면서, 그리고 깊은 생각을 하지 않음으로써 고통을 마비시키는 것이었다.

랠프가 교회 모임에 모습을 드러내도 그것 때문에 흥분하는 사람은 없었다. 빅이 사람들과 악수를 나누며 허물없이 대화하는 동안 랠프는 자신의 소외감이 위장되기를 바라며 커피에 설탕을 넣어 4, 5분 동안 젓곤 하였다. 그리스도인들은 하나님에 관해 흥분을 느껴야 한다고 목회자가 성도들에게 상기시키는 것을 들을 때, 어깨를 으쓱하게 하는 공허의 물결이 그의 전신을 휘감곤 했다.

그는 열 여섯이라는 젊은 나이 때부터 그리스도를 믿기 시작했지만 교회 통로를 오가며 그가 발견하려 했던 부요함을 아직 한 번도 체험해 보지 못했다. 그리고 이제 무엇을 해야 하고 무엇을 느껴야 하는지에 관해 설교자에게서 자세한 이야기를 들으면서 그는 마지못해 성경을 좀 더 충실히 읽겠다고, 그리고 가족을 위해 영적 지도력을 발휘하겠다고 하나님께 약속하는 것이었다.

그는 자신은 어떠어떠한 사람이어야 한다는 끊임없는 압박감에 자극되어 계속 노력했다. 그러나, 이러한 노력도 일찌기 했던 헌신에의 다짐을 몇 번 더 재확인하는 것 이상의 결실을 맺어 주지 못한다고 판명되었다. 그런 노력은 전혀 효과가 없었다. 그는 아무것도 아닌 "하찮은 사람"이었으며, 그 냉혹한 사실에는 아무런 변화도 생기지 않는 것이었다. 아마도 그는 선한 행동을 계속하면 수확이 생길 거라고 바라면서 얼마 동안을 견디어 내었을 것이다. 그러나 결국 그는 포기하였다. 그는 변화를 위해 효과가 있을 만한 아무런 대안도 제시해 주지 않으면서 자신의 영적 무감각함을 비난의 손가락으로 지적하는 압제적 제도에 반항하기 시작했다.

그는 다시 조금씩 술을 마셨으며 때때로 성인용 책방에 들르기도 했다. 그건 잘못된 행동이었지만 적어도 그에게 어느 정도의 안정, 그가 느낄 수 있는 상승감, 교회는 결코 준 적이 없는 무언가를 주었다. 교회 출석은 불규칙해졌고 가정 불화가 심해졌다. 랠프의 아내는 남편의 문제에 관심을 갖기 시작했다. 그녀는 주일학교의 장년부 교사에게 자신의 걱정을 털어놓았고, 그의 대답은 "교회에서 해줄 수 있는 일이 있었으면 좋겠군요. 어떤 사람들은 하나님의 길을 가고 싶어하지 않기도 하죠. 우리가 할 수 있는 일은 기도뿐입니다"였다. 그리고 교회는 교인 등록 명부에서 그의 이름을 지워 버렸다.

빅과 랠프의 예는 성공적인 꺼풀을 지닌 사람과 그렇지 않은 사람의 연속선상에 나타난 두 극점(極点)을 보여 준다. 꺼풀이 효과적일수록 진리가 자족감을 낳게 할 가능성은 커지며, 꺼풀의 효과가 적을수록 진리가 절망감과 반항심을 조장할 가능성은 커진다. 격려받지 못한 회중은 때때로 경건의 모습을 보이며 맹목적으로 득의만만해 지거나, 아니면 무관심해지거나 둘 중의 하나이다.

격려받은 회중에게 진리가 제시된 경우

격려에는 강력한 잠재력이 있다. 누군가 빅과 랠프를 피상적으로가 아니라 의미있게 대해 주는 데 필요한 시간을 투자했었다면 그들에게 인생이 얼마나 달라보였을지를 생각해 보자.

분별력 있는 신자는 빅이 꺼풀을 두른 사람이라는 것을 알아본다. 그리스도와 그분의 몸된 교회에 헌신하는 일의 일부로서 그는 빅에게 도움이 되어 주기로 결심한다. 진실한 사랑을 보여 줌으로써 그들의 관계는 발전하여, 빅의 주요 목적은 꺼풀을 변화시키는 것이 아니라 두려움을 축소시키는 것임을 격려자가 간파할 수 있을 만큼 진전된다. 격려자는 빅의 영적 미숙함과 일의 그릇된 순서에 관해 성급하게 그와 맞부딪치지 않는다.

관계가 깊어감에 따라, 지각력 있는 격려자가 빅이 지닌 두려움이라는 빙산의 꼭대기라고 판단했었던 부분을 빅 자신이 조금씩 격려자와 나눠갖기 시작한다. 격려자는 빅의 두려움을 다음과 같은 말로 표현한다. "빅, 돈을 벌고 당신의 부에 대한 증거를 과시하는 것은 당신에게 정말 중요한 일이오. 하지만 나는 만일 당신에게 재산이 없었다면 당신이 과연 당신 자신을 가치있는 존재로 볼 수 있을지 그게 의문이오."

이 같은 격려의 말에 나타난 두 가지의 중요한 요소에 주목해 보자. (1)두려움은 말로 표현되어 두려움을 가진 사람이 이해하기가 쉬웠다. (2)그 말은 상대방을 가치있는 존재로 받아들인다는(비록 그릇되어 있다 해도) 뜻을 전달해 주었다. 이 말은 상대방에게 거부당하지 않고 그의 두려움을 노출시켜 준 말이다. 그것이 바로 격려라고 정의될 수 있다.

그 말의 결과는 빅의 두려움이 줄어들었다는 것이다. 성공의 상징에 대한 그의 집착은 점차적으로, 심지어 알아차릴 수 없게 약화되었다. 그의 꺼풀에는 구멍이 생겨 진리의 성령께서 그의 내면으로 들어오실 수 있는 기회를 제공했다. 그 때 성경의 가르침을 듣기 위해 자리에 앉은 빅은 하나님을 좇고 싶다는 욕구를 체험하기 시작했다. 그는 마치 어린 아이가 아이스크림을 먹는 일에 더 많은 시간을 할애하듯, 클럽에서 보내는 시간을 줄이고 교회 활동에 소비하는 시간을 늘이기로 했다.

격려의 효과가 없었더라도 성경적 권면은 빅으로 하여금 교회에 더 자주 출석하게 했을지도 모르지만, 어쩌면 그는 어린 아이가 홍당무를 먹는 식으로 의무감에 사로잡혀 어쩔 수 없이 출석했을 것이다. 그러나, 격려가 있었기에 하나님의 진리는 긍정적 방향으로 작용했다. 빅은 성장해가고 있는 것이다.

랠프에게도 역시 친구가 있었다고 가정해 보자. 랠프의 활기없는 상황에도 불구하고 한 인간으로서의 그의 가치를 인정할 수 있으리란 희망을 갖고 격려자 모임의 한 멤버가 랠프에게 가까이 접근하기 위해 능란한 시도를 벌였다. 그리고 랠프는 응답했다. 격려자가 그에게 다가가 저녁 예배 후에 만나서 함께 커피를 마시자고 제의했을 때, 랠프는 감사한 표정으로 미소지었다.

　　그러나, 격려자의 성실한 노력에도 불구하고 랠프는 영적인 일로부터 천천히 표류하며 떠내려 갔다. 격려의 논평에는 마지못해 미소지었고 함께 커피를 마시자는 초청은 더욱 자주 거절했으며, 예배와 성경 공부 출석은 더욱 불규칙해졌다. 그래서 격려자는 약간 낭패감을 느꼈다. 무슨 일이 일어난 것인가? 그의 격려는 랠프의 두려움을 축소시키고 꺼풀을 꿰뚫고 들어가는 일에 실패한 것인가?

　　문제는 사람들이 두려움에 차 있을 뿐만 아니라 고집이 세기도 하다는 것이었다. 인간의 마음은 절망적일 정도로 사악하다. 사람들은 하나님을 믿지 않고 그리고 그분 앞에 무릎 꿇지 않고 자기 인생을 조종하려 한다. 랠프의 문제는 그의 꺼풀을 다루는 것 이상의 문제였다. 그의 두려움만이 개인적 장성에 있어서의 유일한 장애물이 아니었다. 랠프의 죄악된 마음은 하나님 믿기를 완강히 거절했다. 그래서 그는 영원히 하나님으로부터 멀어져 갔다. 그가 무관심한 이유는 격려하는 일에 실패한 탓이 아니었다.

결 론

하나님의 진리가 격려받지 못한 회중에게 잘 제시되었을 때, 일반적으로 그 결과는 자족감을 증대시킨다. 자기 만족적인 사람은 경건한 사람으로 보일 수도 있다. 특히 성공 여부를 어떤 규모나 사업 계획, 프로그램의 다양성의 견지에서 파악하는 교회 내에서는 더욱 그렇다. 위협받고 있는, 두려움에 가득 찬 사람들은 경건이라는 이름이 그들에게 부과하는 규범 (어떤 기금 조성 캠페인에 참여할 것, 주일 저녁 예배에 참석할 것, 규칙적인 묵상의 시간을 가질 것 등)에 순응하거나 그렇지 않으면 자기 자신을 규범에 맞추려는 노력을 포기하고 반항적이 되거나 혹은 그리스도인으로서의 성장에 무관심하게 된다(적어도 위협하는 사람의 눈에는 그렇게 보인다).

　　하나님의 진리가 격려받은 회중에게 제시될 때, 결과는 그들의 진정한 성장을 촉진시키거나 진정한 반역을 조장한다. 얄궂게도 견고한 교

회는 성장하는 사람 혹은 반항하는 사람으로 가득 차 있다. 그리고 견고
한 교회가 되기 위해 교회는 격려해 주는 관계라는 배경 내에서 진리를
제시해야 한다.

요 약

격려를 주는 관계 내에 연관되지 않는 사람에게 진리가 제시되면, 인간
적으로 말해서, 삶을 변화시킬 수 있는 격려의 잠재적 효력이 발휘되지
못하는 것이 보통이다.

　　성경이 지시하는 진리를 무시하면서 따뜻함만을 주는 긍정적 관계
는 행복감을 증진시켜 주고 자기 이미지(self-image)를 향상시켜 줄지는
모르나, 경건한 성품 형성에 도움을 주지는 못한다.

　　그리스도인의 성숙에 있어 최대한의 성장은 진리가 따뜻한 관계라
는 배경 내에서 제시되었을 때에 있을 수 있다.

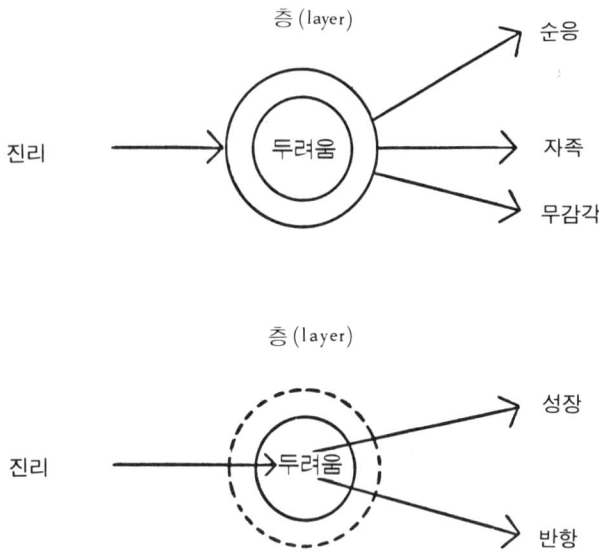

10
격려하기 위한 기회들

그리스도인들끼리의 모임은 서로를 의미있게 격려해 줄 기회를 마련하기 위한 것이다. 히브리서 10장 24−25절에 있는 다음과 같은 말씀은 본서의 핵심이 되는 내용이다. "서로 돌아보아 사랑과 선행을 격려하며 모이기를 폐하는 어떤 사람들의 습관과 같이 하지 말고 오직 권하여 그 날이 가까움을 볼수록 더욱 그리하자."

그러나, 우리의 교제는 일상적이고 하찮은 경우가 너무 많다. 온정은 충분할지 몰라도 많은 격려를 주지는 못하는 것이다. 때때로 그리스도인들은 대화 가운데 자기 본위의 의사 표시를 하는 경우가 있어, 소심한 사람들은 품위를 잃지 않는 태도이면서도 서로의 꺼풀에 맞부딪히는 일이 있다. 그런 가운데 격려가 될 만한 요소는 하나도 없다.

다행스럽게도, 우리가 체험하는 현실은 그보다 낫다. 교회에 출석하고 주 중(週中)의 성경 공부에 참여하는 것이 때로는 우리의 삶에 신선한 충격을 줄 때도 있는 것이다.

이 글을 쓰면서 나는 여행 도중에 방문했던 한 교회에서 보낸 특별히 유쾌했던 시간에 대한 기억을 즐거운 마음으로 떠올려 본다. 그 교회 사람들은 친절했고 목사님의 통찰력 있고도 수수한 설교는 나를 주님께로 이끌 만한 감동을 주었었다. 그리고 한 친절한 부부는 나를 주일 저녁 식사에 초대했었다. 그 때 내게는 좀더 뜨거운 마음으로 순종의 길을 가야겠다는 마음이 솟아올랐었다. 때때로 이와 비슷한 일이 있을 때마다 나는 "하나님의 놀라운 백성들과 함께 모였을 때 내 마음 얼마나 떨리는지"라는 노랫말이 내 느낌을 그대로 반영하고 있다는 생각을 한다.

그렇지만 또 때때로 매우 다른 상황이 벌어지기도 한다. 악수는 불

성실해 보이고 설교는 마치 부모님의 꾸지람처럼 와 닿고, 독주자 (獨奏
者) 처럼 설교하는 목회자 때문에 경건한 체하고 앉아 있지만 멍하니 먼
곳을 꿈꾸고 있는 사람들의 모습은 부자연스럽고 연극적으로 보이며, 아
이들은 부모의 윽박지름에 어쩔 수 없이 반쯤 일어선 자세로 구부정하게
앉아 있는 교회에서, 우리는 격려받을 수도 격려해 줄 수도 없다. 그래
서 때때로 교회에 가는 것은 치과 의사에게 가는 것 만큼이나 흥미없는
일로 느껴지는 것이다.

교회 예배가 경배하고 배우며 교제하는, 언제나 흥미로운 시간인
체하는 것은 좋지 않다. 주일학교의 교사나 안내인도 화를 낼 수 있고,
이기적이고 편협하고 부정직하고 교활하고 어리석고 냉담하고 무감동하
고 무감각하고 교만할 수 있다. 그럼에도 불구하고, "하나님의 훌륭한
백성들"과 함께 모여 있을 때 우리는 서로를 격려할 기회를 가질 수 있
으리라 기대한다. "어떻게" 그런 기회를 찾을 것인가? 우리의 대화가
요점없는 잡담, 얼굴 찌푸리고 하는 불평, 하찮고 진부한 말들로 이어질
때 어떻게 격려하는 말로 살짝 말머리를 돌릴 기회를 가질 수 있겠는가?

이 질문에 실제적으로 대답하기 위해 나는 다음과 같은 두 가지 사
항을 밝혀야겠다.

1. 사람들과 이야기를 나눌 때 우리가 해야 할 일의 목표를 의식
적으로 선택하지 않는 한, 격려할 기회가 언제인지 깨달을 수는 없을 것
이다.

2. 상대방에게 잠재된 필요를 민감하게 인지했음을 표현할 때, 격
려할 만한 숨겨진 기회는 모습을 드러낼 것이다.

우리 임무의 목표

지금까지 검토해 온 많은 부분에서 우리는 사람들에게 이야기할 때 한 목
적에 전심하게 하는 동기의 필요성을 강조했다. 우리는 서로를 도와 주려
는 목적을 능동적으로 추구해야 한다. 물론 이런 이상은 말로 하는 것보
다 실행하기가 어렵다는 것이 문제이긴 하다. 내 관심사는 남에게 도움
을 주려는 이 목표를 돌아오는 주일 아침, 그 목표에 의해 무언가 실행
할 수 있는 수준으로 낮춰 잡아보자는 것이다.

우리 마음을 항상 돌아가고 있는 카세트 테이프 레코더 (녹음기) 로 생각해 보자. 때로 우리는 마음의 테이프가 돌아가고 있는 소리를 들을 때도 있을 것이며 들을 수 없는 때도 있다. 이따금, 볼륨 (volume) 이 너무 높아 외부로부터 어떤 소리가 입력되는 것을 차단하면서 우리 자신의 생각이 우리의 의식을 완전히 지배할 때도 있다. 그런 일이 있을 때, 우리는 현실과 접촉하지 못하게 된다. 하지만 그것은 극단의 경우이고, 우리는 보통 자각적으로 주의를 기울일 수 있는 범위 바로 그 너머에다 우리 사고 (思考) 의 테이프의 볼륨을 고정시켜 놓는다. 달리 말하자면, 사람들은 어떤 주어진 순간에 자신들이 생각하고 있는 것에 거의 주의를 기울이지 않고 있는 것이다.

만일 내가 교회의 좌석을 채우고 앉아 있는 누군가에게 다가가 "당신은 지금 방금 당신 자신에게 뭐라고 말씀하셨습니까 ?" 라고 돌연한 질문을 던진다면 그 사람은 아마도 당황하며 곧 이렇게 더듬더듬 대답할 것이다. "저, 잘 모르겠군요. 아무것도 깊이 생각하고 있지 않았어요."

하지만 그 사람은 무언가 생각하고 있었다. 마음이 비어 있는 경우는 드물다. 테이프 레코더는 늘 작동하고 있다. 그것에 주의를 집중시킬 때, 우리는 그 테이프에서 적어도 몇 마디 말이라도 흘러나오고 있음을 깨닫게 된다.

비록 우리가 모든 주어진 순간마다 우리 자신에게 하고 있는 말을 의식적으로 감지하지 못한다 해도, 우리 마음을 채우고 있는 말들은 우리의 행동과 감정의 많은 부분을 통제한다. 우리 행실의 많은 부분이 우리가 무의식적으로 생각하고 있는 것의 직접적인 산물인 것이다. 그러므로 우리 자신에게 하는 말을 듣기 위해, 그리고 그릇된 목표를 반영하면서 우리를 이기적인 행동으로 이끄는 문구들을, 올바른 목표를 반영하며 이타적 행동으로 이끄는 문구들로 대체하기 위해서, 자기 생각의 주파수를 맞추는 것은 중요한 일이다.

그 한 예로서, 주일 아침 복음적인 교회에서 있음 직한 다음과 같은 일에 대해 생각해 보자. 수백 명의 사람들이 주차장으로부터 교회 건물 안으로 줄지어 들어가고 있다. 부모들은 자녀들에게 주일학교 수업이 있는 교실을 손가락으로 가리켜 주기도 하고 친구들끼리는 즐거운 인사를 교환하고 있고, 머리결을 매만지고 있는 여자도 있고, 넥타이를 반듯하게 바로잡는 남자도 있다. 그리스도인들이 모두 함께 모이고 있는 것이다.

그런데 이 모든 사람들의 마음속, 의식하고 있는 수준 혹은 바로 그 아래에서 돌아가고 있는 테이프에서 나오는 소리를 청취하기 위해 특별한 마이크 선이 장치되어 있다고 상상해 보라. 엿듣는다면 어떤 말이 들릴까?

"아, 저런! 프레드가 차를 세우고 있군. 그가 나를 보면 아직 작성하지도 않은 위원회 보고서를 달라고 할 거야. 빨리 안으로 들어가서 앉는 게 낫겠어."

"남편이 출장을 가지 않았더라면 좋았을 것을. 혼자서 교회에 오기는 정말 불편해. 뒷자석에 앉았다가 예배가 끝나는 대로 곧 나와야겠다."

"이번 설교는 지난 몇 주간의 설교보다 좀 나았으면 좋겠는데."

"오늘은 참 좋은 날이야. 해놓아야 할 일이 아무것도 없거든. 교회 오는 일도 즐겁고 또 오늘 오후 3시엔 TV에서 축구 중계도 있단 말야. 그 시간이면 식구들끼리 점심을 먹고 들어가도 킥오프(Kickoff)까지 볼 수 있을 거야. 그리스도인이라는 건 정말 좋은 일이지."

"이 교회에 계속 다니게 될지 의문이군. 친구도 하나 못 사귀었고 게다가 설교는 내게 큰 도움이 되지 못하니 말이야. 좋아, 이 문제에 대해 기도는 계속하기로 하고, 오늘은 어떤지 지켜봐야겠어."

"저 젊고 행복한 가족을 좀 봐. 내 아이들은 다 자라서 떠나버렸고 구원도 못받았고 뒤죽박죽이지. 그걸 생각하면 정말 마음이 아파. 아, 몇 해만이라도 돌이킬 수 있다면 … 지금은 울 수도 없어. 시몬, 한 번 웃어다오. 낸시, 여기 와서 날 한 번 불러주렴."

"사람들은 나를 영적으로 아주 착실한 사람일 것으로 생각하지. 사람들과 친절한 태도로 교제하고 또 어떤 일이 생기든지 성경적인 방법으로 대응해서 점수를 따야겠어."

모여드는 성도들의 정신의 녹음기에서 이러한 테이프들이 은밀히 돌아가고 있기 때문에 기회는 너무도 불충분하여 그들이 함께 보내는 시간 동안 진정한 격려를 해줄 기회는 생겨나지 않을 것이다. 실상, 우리들 대부분은 누군가에게 격려를 주기 위한 의도를 갖고 교회에 오지 않는다. 우리가 생각하는 사고들은 그런 의도가 결핍되어 있음을 반영하고 있다.

우리가 말하는 혹은 행하는 모든 것은 한 목표를 향해 움직인다. 그것은 우리가 목적론적인 존재, 즉 목적에 의해 통제를 받는 존재이기 때문이다. 만일 우리가 하는 일을 변화시키기를 원한다면 먼저 우리는 우리가 성취하고자 노력하는 것부터 변화시켜야 한다. 넓은 의미로 말해 우리의 모든 목적은 두 개의 범주로 구분할 수 있다. 한 가지는 자기 고양(self-enhancement)이나 자기 보호를 위해 교묘하게 조종하는 목적이며, 또 한 가지는 하나님의 영광과 타인들의 복락을 위해 이바지하는 목적이 그것이다.

우리가 우리 자신에게 하는 말은 우리가 그것을 의식하든지 못하든지 우리가 추구하는 목표를 반영한다(어떤 의미에서는 결정한다). 예를 들어, 외로운 사람들은 "교제"라는 목표를 추구한다. 따라서 그들의 테이프는 친절한 태도를 보이려 한다거나 거부당할 일을 피한다거나, 또는 상대방에게 미칠 영향을 고려한다거나 하는 것과는 거리가 멀다. 그들은 격려의 기회를 찾고 있지 않다. 따라서 그들은 기회를 발견치 못하는 것이다.

우리의 생각을 신중히 경청하고, 격려가 아닌 다른 목적을 나타내는 테이프를 밝혀내고, 그것을 봉사의 목적을 반영하는 새로운 정신적 테이프로 교체하기까지 우리는 아무도 격려하지 못할 것이다. 히브리서 기자는 어떻게 서로를 격려할 것인지 생각하라고 특별히 우리에게 가르쳤다(히브리서 10 : 24 - 25). 우리는 자각적으로, 의도적으로 그리고 정신적 연단을 통해 격려하는 일에 우리의 주의를 되돌려야 한다.

어떤 교회에서 10명의 신자들이 "나는 많은 사람들이 짐을 지고 있고 상처받고 있다는 것을 안다. 누구에게 나는 사랑과 관심이 담긴 말을 할 수 있을까?"라는 테이프를 돌리기로 신중하게 선택했다면 어떤 일이 생길까 생각해 보라. 그들이 속해 있는 모임은 격려의 실재를 체험하기 시작할 것이다.

내가 하는 모든 말이 다 봉사에의 동기에 의해 다스려져야 한다는 생각을 처음 분명하게 깨달았을 때, 나는 새로운 정신적 테이프를 수집해 모아두려고 애썼다. 매일 저녁, 일을 마치고 집에 돌아왔을 때 나는 내 차 안에 몇 분 더 머물면서 다음과 같은 말을 나 자신에게 되풀이한다. "현관 문을 통해 걸어갈 때 나의 목표는 나의 가족에게 봉사하는 것이다. 사실, 나는 행복해하는 아내와 즐거움에 찬 아이들 그리고 잘 작동하고 있는 냉장고가 나를 반겨 주기를 진실로 바란다. 하지만 집 안에 어떤 일이 생겼든지 나의 목표는 사랑으로써 내 가족에게 봉사하는 것이다."

많은 사람들이 하루 일을 마치고 가정으로 돌아가는 순간보다 더 두려운 순간은 없다고 느끼고 있다. 그들이 피곤한 발걸음으로 현관 문을 통과할 때 그들의 정신적 테이프 레코더에서는 "큰 쥐가 또 화장실 안으로 떨어지지 않았으면 좋겠는데…" 혹은 "만일 아내가 자기의 하루 일과가 방금 내가 마친 하루 일과보다 더 힘들었다고 바가지를 긁는다면 다시 밖으로 나와야지"라는 말이 흘러나온다. 이러한 종류의 생각들은 남편들에게 지루하게 침묵을 지키거나 냉담한 태도로 혼자 있거나 TV 혹은 신문에 몰두함으로써 자신을 방어 층으로 감싸라고 유혹한다.

자기를 보호하기 위해 교묘하게 행동하는 일은 자연스럽지만, 하인처럼 가족에게 봉사하는 일은 쉽게 이뤄지지 않는다. 봉사의 자세는 주의깊은 수양을 요구한다. 자기의 생각을 성실하게 검토하고 올바른 정신적 테이프를 작동시킴으로서 봉사의 목표를 채택하려 하지 않는 한, 우리는 꺼풀에서 꺼풀로 표류하는 교제를 면할 수 없을 것이다. 그리스도 안에서 형제 자매가 함께 만나는 시간이 격려의 시간이 되게 하기 위해 첫번째로 요구되는 것은 격려하는 것을 우리의 목표로 삼는 것이다.

문제를 감지했음을 말로 표현하라

우리의 목표가 봉사하는 것이라면 우리는 격려할 기회를 적극적으로 찾을 것이다. 하지만 그런 기회가 언제인지 어떻게 알아차릴 것인가? 우리는 어떻게 해야 하는가? 격려가 필요할 것으로 보이는 사람에게 다가가 그의 어깨에 손을 얹고 동정이 담긴 눈빛으로 "이봐, 자네를 격려해 주러 왔어"라고 해야 할까? 격려의 기회를 발견하고 그 기회를 이용해야 할 이 일에 관해 우리는 정확히 어떻게 해야 하는가?

　기회를 창조했다기보다 포착했을 때 우리는 가장 효과적인 격려를 할 수 있다. 감정을 모두 나타내 보여 그 충분히 노출된 감정을 생생하게 극적으로 교환하는 것이 바로 격려라고 생각하는 것은 잘못이다. 어떤 경우에 있어서는 그같은 것이 의미를 지닐 수도 있다. 그러나, 격려란 아주 일상적으로 보이는 대화 가운데 들어있는 경우가 더 많다. 그저 들어넘기면 아무것도 아닌 몇 마디 말이 이야기되었다. 그런데 무슨 일인가 벌어졌다. 한 사람이 격려를 받은 것이다.

　격려의 위력은 주로 말에 있는 것이 아니라는 사실을 기억하라. 격려의 위력은 말의 배후에 있는 동기에 있다. 평범한 만남의 자리에 임할 때에도 만일 민감한 귀, 봉사하려는 동기로 고무된 마음, 사랑이 있는 가슴으로써 임한다면 우리는 격려할 기회가 부족하다고는 느끼지 않을 것이다. 하지만 그렇다고 해도 그 기회들을 어떻게 찾을 것인가?

　어떤 모임에 가도 상당수의 사람들이 각각 정도는 다르지만 다음과 같은 당면 관심사들과 씨름하고 있는 것을 볼 수 있다. 이를 테면, 음란한 성적 공상에 대한 죄악감, 의사와 면담을 약속한 날이 다가옴에 따른 불안, 꽉 짜인 스케줄에서 오는 피로감, 가장 친했던 친구가 최근 전근해 감에 따라 가중된 고독감, 돈 걱정, 자기를 거부하는 배우자를 향한 분노, 아무렇게나 충고를 남발하는 부모에 대한 좌절감 등, 헤아리자면 끝이 없다. 현재 그런 문제에 신경을 쓰고 있지 않은 사람들도 있겠지만 그들 역시 곧 절박한 문제가 될 일들을 눈 앞에 두고 있는 것이라 하겠다.

　그러나, 자신이 안고 있는 문제들을 공공연하게 공표하는 사람은 거의 없다. 그리고 또 그렇게 하는 것이 좋다고 나는 생각한다. 자신의 신경증을 드러내는 것을 미덕으로 간주하는 감정 노출증 환자는 약점이

드러날 정도로 자신을 개방하는 일을 맹목적으로 좋아한다. 그리스도인 간의 교제는 개인적 문제를 드러내 놓는 광장이 되기 위한 것이 아니다. 그보다 그것은 우리의 삶과 그리스도의 삶의 관계를 다른 사람과 함께 나누는 기회여야 한다. 이는 자기 노출과 또한 개방성을 요구한다. 그러나, 그것은 그 자체가 목적이 아니라 그리스도를 좀더 충분히 알리는 목적에 대한 수단으로서 요구되는 것이다.

하지만 우리들 대부분은 타인에게 허물없이 받아들여지는 가면 뒤에 우리의 문제들을 위장시키는 경향을 갖고 있다. 우리는 사실상 무엇을 느끼는지를 노출시킴에 따라 생길지도 모를 비판과 반대가 두려워, 그것을 피하기 위해 그 가면들을 언제나 제 자리에 쓰고 있다. 그런데, 그런 꺼풀들은 그 사람을 보호해 주기만 하는 것이 아니라 그들을 고립시키기도 한다. 사람들과의 관계로부터 단절되었다는 것을 느끼게 되면 우리는 곧 그런 관계를 다시 갈망한다. 우리의 방어물은 거절당해 돌아오는 것을 막아주기만 하는 것이 아니라 사랑이 있는 곳으로부터 우리를 떠나게 만들기도 한다.

꺼풀 뒤에 숨어서 우리는 자기가 알려지고 받아들여질 것을 바란다. 그래서 우리는 자신의 말을 듣고 있는 사람이 주의력 있고 민감하며 자신을 용인해 줄 만한 사람인지 알 수 있는 징표를 찾으면서, 자기 내부에서 어떤 일이 일어나고 있는지를 눈치챌 수 있는 실마리를 슬쩍 떨어뜨려 놓는다. 온도가 적당한지 알아보기 위해 발끝을 물에 살짝 담가보는 소심한 수영 선수처럼, 우리는 우리 말을 듣는 사람의 태도를 시험해 볼 수 있을 정도로만 자신을 노출시키는 것이다.

"어떻게 지내나?" 한 친구가 별 생각없이 물어 온다. 사실 그 때 내 머리는 쿵쿵 울리고 있었고 아이들은 교회로 가는 동안 줄곧 말다툼을 하고 있었으며 또 내 양친 중의 한 분은 심각한 병환의 증세를 보이고 계셨었다. 하지만 나는 "응, 아주 좋은 것 같아. 여러 모로 생각해 봐서 비교적 말이야"라고 대답한다.

아마도 내 친구는 다시 "그래, 요즘 같아서는 최고의 기분을 가지려면 운이 있어야지. 여어, 만나서 반가웠네!"라고 말할 것이다. 그는 격려할 기회를 놓친 것이다. 기회는 드러내 놓고 광고되지는 않지만 언제나 있기는 있다. 나의 되는 대로의 대답은 좀더 자세히 내 근황을 물어달라는 은근한 권유였다. 은근하다고 한 것은 내 친구가 내 기분에 정말 관심을 갖고 있는지 전혀 확신이 서지 않았기 때문이다.

만일 그가 능동적으로 격려의 기회를 찾았더라면, 그는 "응, 아주 좋은 것 같아. 여러 모로 생각해 봐서 비교적 말이야"라는 내 말이 "여어, 정말 좋아! 자네는 어떤가?"라는 말과는 아주 다른 대답이라는 사실을 감지했을 것이다. 그 시험적인 대답은 "만일 자네에게 나를 격려해 줄 의향이 있다면 나는 적극적으로 마음을 열어 받아들이겠다"는 의사를 친구에게 전달해 주기 위해 의도된 것이었다.

내 말의 요점은 다음과 같은 문구로 요약될 수 있다. 격려자들은 말 밑에 있는 공개적이며 명백한 의사뿐만 아니라 미묘하게 숨겨진 의사까지 전달해 주는 경우가 많다. 그 숨겨진 의사도 들어주어야 할 필요가 있다.

그런데 관습상 주의해야 할 중요한 문제가 있다. 즉, 모든 문구들이 다 위장된 필요들을 전달해 주는 것은 아니라는 사실이다. 자칭 격려자가 말 한 마디 한 마디마다 문제를 삼으면서 만만한 사람에게 다가가는 것보다 더 격려에 역행되는 일은 없다.

"어떻게 지내십니까?"

『네, 좋아요. 감사합니다.』

"좋다구요? 무슨 의미가 있는 말 같은데요. 정말 기분이 어떠신지요?"

이런 태도에는 우연히 만나는 모든 사람들에게서도 깊은 고통을 읽으려는 분명한 위험이 있지만, 그보다 더 심각한 위험은 잡담 밑에 감춰져 있는 진짜 문제점들을 알아차리지 못한다는 사실이다. 말 밑에 감춰진 말을 듣는 기술에 대해 깊이 생각하자.

주일 아침, 예배가 끝난 후 한 친구가 한 마디 말했다. "오늘 설교는 정말 별 볼일 없었어." 그의 논평 속에는 어떤 의미가 숨겨 있을까? 어쩌면 그는 자기가 말한 것 그 이상의 의미는 두지 않았을지도 모른다. 설교는 정말 평범했을지 모르는 것이다. 하지만 그의 말 속에 그 이상의 의미가 감춰져 있다면 과연 어떤 것이겠는가? 여기 몇 가지의 가능성들이 있다.

> "설교는 내 마음을 찌르더구먼. 하지만 난 가책 따위를 느끼고 싶
> 진 않아."

> "나는 목사에게 개인적으로 유감을 갖고 있어. 그가 어떤 말을 해
> 도 난 그 진가를 인정하지 않을 거야."

> "난 내게 가르치거나 설교할 수 있는 기회가 주어졌으면 좋겠어.
> 사람들 앞에 높이 선다는 건 해볼 만한 일이라 생각되거든."

> "목사님은 내가 고민하고 있는 것과는 전혀 상관없는 이야기를 하
> 고 계셔. 이혼을 심각하게 고려하고 있는데 바알 선지자들과 싸운
> 엘리야에 관한 설교를 듣고 감사하기란 정말 힘든 일 아니겠나."

남을 격려하는 일에 헌신한 사람은 상대방의 말을 들어야 한다. 상
대방이 말하고 있는 동안 대답할 말을 생각하고 있기보다는 그의 말을 경
청해야 한다. 적극적으로 경청하는 데는 집중을 해야만 상대방의 찌푸린
얼굴, 축 처진 어깨, 은밀한 한숨, 생기없는 목소리, 물기어린 눈을 볼 수
있다. "오늘 설교는 정말 별 볼일 없었어"라는 이 한 마디에 주의깊은
사고가 자극되어야 한다.
　그 말은 격려받을 기회를 기도하는 말인지도 모르고 또 그렇지 않
을지도 모른다. 감춰진 의미가 있을지도 모른다는 가능성을 타진해 보는
것이 첫번째 단계라면 두번째 단계는 무엇인가? 누군가 감춰진 문제들
을 이야기해 오고 있다고 어렴풋이 느껴질 때, 격려자는 어떻게 해야 하
는가?
　민감한 경청자 (listener) 는 더 들었으면 좋겠다는 관심이 함축된 말,
"정보가 들어오는 내 마음 문은 열려 있다"는 의미가 담긴 말로 상대방의
논평에 응답한다. 문을 여는 말은 두 가지 의미를 전하는 말이다.

> 1. "당신이 해야 할 말 모두에 나는 관심을 갖고 있다."
> 2. "당신이 무슨 말을 하든지 나는 모두 다 받아들이겠다."

"오늘 설교는 정말 별볼일 없었어"라는 말에 대한 응답으로써 격려자는 다음과 같은 마음문을 여는 말 중의 하나를 택할 수 있다.

"무슨 생각에서 하는 말이지 ?"
"무슨 뜻인지 알고 싶은데."
"응 ?"
"별 볼일 ?"
"네게 별 볼일 없었다고, 으흠, 그래 ?"

사람들은 문을 여는 말보다 문을 닫는 말로 응답하는 경우가 빈번하다. 문을 닫는 말, 더 나아가 더욱 깊은 공감대를 형성할 수 있으리란 소망을 차단하는 말은 다른 사람의 마음속에 어떤 일이 생기고 있는지에 대해 민감한 관심이 결핍되어 있다는 의미를 전달한다. 또한 그 말 속에는 비판의 의미도 담겨 있어 상대방으로 하여금 거절당할지도 모른다는 두려움을 느끼게 한다. 문을 닫는 말은 무감각함과 비판적 무관심의 뜻을 상대방에게 전달해 줌으로 해서 더이상 토론할 마음이 내키지 않게 만든다. 그 말들은 거절에 대한 두려움과 고립감을 가중시킴으로써 격려가 진행되어 나가는 것을 방해한다.

그리스도인들 사이의 대화에는 온정적 민감성이라는 특징이 있어야 한다. 우리는 사람들을 임신 기간 동안에 모여졌다가 죽을 때는 각각 떨어져서 가는 화학 물질의 집합체로 생각해서는 안 된다. 사람들은 인격체, 하나님의 형상을 지니고 있는 존재이다. 사람들은 타락했지만 가치있는 존재이다. 우리는 매일매일 경외스런 운명 – 영원한 영광이든지 혹은 영속적인 절망이든지 – 을 지니고 있는 독특한 존재들과 어깨를 부딪치며 살아가고 있다.

문제를 간단하게 말해 본다면, 사람들의 말은 경청할 가치가 있다는 것이다. 하나님의 피조물 중 가장 작은 자에게 물 한 그릇을 주는 것은 주목할 만한 행동이다. 사랑과 선한 행동을 분발시키려는 목적을 갖고 다른 사람들의 삶에 우리 자신을 연관시키는 것이 우리의 소명이자 특권이다. 남에게 봉사하는 것이 우리의 목표일 때, 말 속에 숨겨진 의미를 경청하고 문을 여는 말로 응답함으로써 상대방의 필요를 민감하게 감지했다는 것을 말로 표현할 때, 우리는 그리스도인들이 함께 모인 곳 어디에나 격려할 기회가 풍성하게 널려 있다는 사실을 깨닫기 시작할 것이다.

요 약

그리스도인들이 모인 곳에서 서로를 격려할 기회가 헤아릴 수 없이 많지만 그들은 그것을 알아차리지 못하고 지나는 경우가 많다.

누군가를 격려할 수 있는 기회가 언제인지 알아차리기 위해, 사람들은 다음 두 가지 조건을 충족시켜야 한다. 먼저, 그들은 다른 사람들과 교제할 때, 자신의 목표는 격려하는 것이라는 사실을 의식적으로 자기 자신에게 주지시켜야 한다.

그리고, 그들은 사람들이 보통은 자신들의 문제를 공공연히 드러내 놓지 않는다는 사실을 깨달아야 한다. 그보다 사람들은 뭔가 잘못되어 가고 있다는 사실을 알 수 있을 만한 힌트를 살짝 비추는 경우가 많다. 형제 혹은 자매가 뭔가 감춰진 필요를 드러내 놓으려 한다고 느껴질 때, 격려자는 민감하게 그들의 말에 대응해야 한다.

문을 여는 말은 다른 사람들이 말하고 싶어하는 것이 무엇이든지 다 그를 수긍해 줄 만한 관심을 갖고 있다는 의사를 전달해 준다. 반면 문을 닫는 말은 다른 사람을 괴롭히고 있는 문제가 무엇이든지 다 그것에 싫증과 비판적인 무관심을 느낀다는 의사를 전달해 준다.

11
기회에 응답함

늘 기민하게 기회를 포착하라고 자신에게 주지시킬 때, 말 뒤에 감춰져 있을 법한 의사에 대해 문을 여는 말로써 응답할 때, 그 때에 우리는 상대방이 격려를 청해오는 국면에 맞부딪힐 수 있다. 남의 말을 진지하게 경청하는 사람은 극소수이기 때문에 격려가 필요한 사람에게 아주 서투르게 더듬더듬 말을 할 수밖에 없을 것이다.

하지만 민감하게 상대방의 말을 듣는 데는 그보다 더 부담스러운 문제가 발생한다. 누군가가 문을 여는 말에 실제로 문을 엶으로써 대응했다고 가정해 보라. 누군가가 자기의 꺼풀을 벗고 자기의 고통을 드러내 보일 때 격려자는 어떻게 해야 하는가?

타인을 격려하는 일에 참여하고 있는 한 성실한 그리스도인 남자가 그 문제를 다음과 같이 표현했다. "나는 문을 열어 놓기가 약간 겁이 납니다. 누군가가 「내 결혼 생활을 파탄지경이야」 또는 「내 아이가 약물 중독이야」 혹은 「나는 동성애에 빠져 버렸어」 등과 같이 심각한 문제를 나에게 짊어지울 때 나는 어떻게 해야 합니까? 나는 뭐라고 말해야 좋을지 어렴풋한 생각조차도 떠오르지 않을 겁니다. 도움을 주기보다 오히려 해를 끼치지나 않게 될지 두렵습니다. 큰 문제는 고사하고 누군가 나에게 자기는 좀 우울하다고만 말해도 나는 뭐라고 말해야 할지 모르겠습니다."

그 고충은 이해할 만하다. 그리고 그것이 바로 사람들로 하여금 문을 열기보다는 닫게 만드는 이유 중의 하나이다. "꺼풀을 벗어 버리고 이전에 감춰져 있던 네 삶의 한 단면을 나와 함께 나누자"고 누군가에게 촉구했다면, 그 다음에는 어떻게 해야 하는가? 외과 수술의 어려운 부분은 살을 째고 들어가는 부분이 아니다. 환자의 몸에 상처를 내거나 그를 위태롭게 하지 않고 절개를 해나가는 데에도 기술이 요구되긴 하지만, 외과 수술의 중심 작업은 조직이 드러났을 때부터 시작되는 것이다. 외과 의사의 능력이 가장 요구되는 때는 환부가 그의 앞에 노출되었을 때이다. 이와 유사한 경우로, 격려자로서 우리의 가장 큰 필요는 말로써 절개를 시켜 문제점이 우리 앞에 노출되어 놓여져 있을 때 어떻게 해야 하는가를 아는 것이다.

만일 앞 장에서 본 몇몇 격려의 말들의 예를 사용해야 한다고 생각했다면 다시 한번 말하건대, 우리는 절대로 문구들의 목록을 줄줄 암기함으로써 격려하는 법을 배우는 것이 아니다. 그런 목록은 있지도 않거니와 있다 해도 외울 가치가 있는 것은 없다. 격려는 어떤 말을 선택하는 데 근거한 기술이 아니다. 격려란 다른 사람을 가치 있는 존재로 보면서 그런 견해에 따라 그들을 대하는 데 전력하는 태도를 말한다.

하지만 격려하는 데는 말이 필요하다. 즉, 해야 할 적당한 말을 선택하는 문제에 부딪히는 일이 불가피한 것이다. 격려의 몇 가지 원칙들을 규정해 봄으로써 이 문제에 접근해 보는 것도 도움이 될 것이다. 상처받고 있는 사람에게 이야기할 때, 우리가 이 원칙들을 마음에 새기고 그 원칙들에 조화되는 말을 하고자 노력한다면 우리가 하는 말은 아마도 격려의 효력을 갖게 될 것이다.

1. 격려의 본질은 문제를 노출시키고도 거절당하지 않는 것이다.
2. 때로는 충고해 주는 것보다 이해해 주는 것이 더 격려가 될 때도 있다.
3. 정확히 이해할수록 우리의 말은 더 격려가 된다.

원칙 1 : 격려의 본질은 문제를 노출시키고도 거절당하지 않는 것이다

꺼풀의 중심 기능은 보호하는 것이다. 꺼풀 뒤로부터 밖으로 나온다는 것은 보호 장치의 상실을 의미한다. 문제를 노출당한 사람은 어떤 형태이든지 거절을 체험해야 할 선상에 있는 것이다. 무관심, 비판, 노여움, 성마름, 빈정거림, 뒤로 물러남, 불찬성 등의 태도는 누군가를 가치 없는 존재로서 거부하는 여러 가지 방법의 몇 가지에 지나지 않는다. 우리 존재의 근저(根底)로부터 우리들 모두는 어떤 형태로든지 거절당하는 것을 두려워한다.

　그리스도인들은 예수의 흘리신 피로 인해 모두 하나님께 받아들여지는 것이 사실이다. 이제 우리에게는 정죄당함이 없는 것이다. 그러나 웬일인지 우리는, 누군가에게 거절당하는 것은 하나님께 받아들여지는 것을 생각해 볼 때 그렇게 참을 수 없을 만한 일이 아니라는 사실을 납득하지 못한다. 그것은 마치 백만장자에게 있어 겨우 1달러를 유실하는 것 정도의 아픔밖에는 되지 않는데, 어리석게도 우리는 사람들에게 받아들여지느냐의 여부가 우리의 가치를 정당하게 측정해 주는 것이라고 생각한다. 우리는 사람들에게 거절당하는 것을 두려워하고, 그래서 그들로부터 숨는 것이다.

　사람들이 지닌 이러한 두려움에 대한 이해가 있으면 우리는 노출당한 사람에게 용인(容認)의 뜻을 전달하는 데에 격려의 위력이 있다는 사실을 알 수 있다. 내 아내는 종종 설교단이나 세미나실의 단상 뒤에 서서 어떻게 그리스도를 위해 살 것인가를 다른 사람에게 가르치고 있는 내 모습을 본다. 또한 그녀는 해고당한 정원사의 좌절감이나 힘겨운 일들에 묶인 사람의 시련을 내가 어떻게 다루는지를 지켜보는 때도 있다. 그녀는 내가 설교하는 것에서 나 자신이 얼마나 미흡한 삶을 살고 있는지를 어느 누구보다도 잘 아는 사람이다. 나는 그녀의 존재에 노출되어 있다. 그리고 받아들여졌다. 나는 노출되었고 받아들여진 것이다. 따라서, 나는 격려를 얻는다.

　교회 제직 중의 한 사람이 바람직하지 못한 태도를 보여 고쳐 줄 필요가 있을 때, 연장의 목회자는 그에게 훈계를 주어야 할 것이다. 왜 그런 태도가 잘못인지 목사에게 설명을 듣고 있을 때 그 제직은 노출당한 것이다. 그는 방어의 자세를 취하거나 변명을 하거나 혹은 거만하게 행동함으로써 계속 꺼풀 뒤로 후퇴할지도 모르지만, 그가 어느 정도 노출된 상태에 있는 것은 여전하다. 한 사람의 약점이 자기 자신과 타인의 눈에 보이게 될 때, 그 때 거기에는 신실한 격려, 아니면 실의에 잠기게 될 기회가 있다.

격려를 주기 위해, 목회자는 그 제직에게 변화할 수 있는 잠재력이 있음을 확신시켜 주는 수고를 해야 한다. 그리고 "우리 둘 모두 기도하는 시간을 가진 후에 다음 주쯤 이 일에 관해 이야기해 봅시다"라고 말함으로써 그가 질책당하는 고통을 받지 않게 해 주어야 한다. 만일 질책이 애매모호하고 잔인하기보다는 직접적이고 부드럽다면 훈계가 격려가 될 수도 있다.

하지만 목회자의 말에 혐오감, 실망감, 성마름, 혹은 노여움이 나타나 있다면 전혀 격려가 되지 않는다. 격려한다는 것은 근본적으로 자신의 필요와 과오를 노출당한 그 사람을 받아들여 주는 행위에 달려 있는 것이다.

때때로 거의 희극적이라 할 수 있는 사소한 일을 노출하는 것에도 격려가 포함되는 경우가 있다. 얼마 전의 여행 중에 생긴 일이다. 나는 내가 묶고 있는 모텔 방 욕실의 샤워가 고장난 것을 알고 몹시 당황했다. 그래서 복도에서 부산을 떨고 있는 여종업원을 불러 궁지에 빠진 내 상황을 설명했다. 그녀는 심각하게 고개를 끄덕이면서 정비계에다 이 일을 알려 주겠다고 약속했다.

몇 시간 후, 회의에서 연설을 하고 내 방으로 돌아오다가 우연히 나는 아까 그 종업원을 지나치게 되었다. 그녀는 수건들을 올려다 보아야 할 정도로 길게 접다가 멈추고는 이렇게 말하는 것이었다. "데스크에다 손님 방의 샤워 이야기를 했어요. 지금까지 고쳐져 있지 않았으면 방을 옮기셔야 할 거예요."

그녀의 말을 듣고 나는 내 안에서 약간의 온기가 도는 것을 느꼈다. 나는 나의 필요를 그녀에게 노출시켰다. 별로 중요한 것은 아니지만 필요하기는 한 것이었다. 그리고 그녀는 내 말을 들었고, 내 문제를 진지하게 생각해 주었다. 돌이켜 생각해 보면, 나는 그녀가 무슨 일을 해주리라는 기대는 전혀 하지 않았고 나의 필요에 대해 무관심한 태도로 반응할 것이라 생각했었음을 깨닫는다. 하지만 그 반대로 그녀는 나를 염려해 주었던 것이다. 노출당한 문제가 상대방에게 받아들여지면 이런 일에 있어서까지 격려가 되는 것이다.

원칙 2 : 때로는 충고해 주는 것보다 이해해 주는 것 이 더 격려가 된다

사람들이 자기의 걱정거리를 털어놓았을 때 우리들 대부분은 곧 압박감을 느낀다. "지금 뭐라고 말해야 하나? 어떻게 도와 줘야 하지? 어떻게 해야 한다고 말해 줘야 할지 모르겠어." 하지만 이러한 부담감은 자기 스스로 짊어지는 것이다. 우리는 다른 사람의 문제를 해결해 주기 위해서 그것을 스스로 부과했다. 그래서 우리는 해결책을 찾아내야 할 부담감을 느끼는 것이다.

　　걱정을 털어놓은 사람이 정말 우리에게 해결책을 요구하고 있다고 지레 짐작하는 것이 우리의 실수이다. 한 남편이 직업에서 오는 긴장감에 대해 아내에게 불평한다고 해도, 그녀에게서 직장을 옮기거나 현재의 상황에 대처할 수 있는 발전적인 방법을 제시해 줄 것을 요구하는 경우는 드물다. 그보다는 단순히 아내가 자신의 처지를 이해해 주고 받아들여 줄 것을 요구하고 있는 것이다. "나는 상처받고 있소. 당신은 염려하고 있는 거요?"라고 그는 묻고 있는 것이다.

　　하지만 아내들은 (상황이 반대일 때, 남편들은) 어쩔 수 없이 "당신은 지금 직장을 버리고 더 나은 일을 찾아야 할까 봐요"라는 말로 대답한다. 그런데 남편을 도와 주려는 시도가 "그래, 직업은 흔해 빠졌소. 하지만 직장을 그만두면 어음은 어떻게 지불하란 말이오?"라는 반박에 부딪힐 때, 아내는 당황과 혼란을 느낀다.

　　길 잃은 사람들은 방향 제시를 필요로 한다. 눈 먼 사람에게는 눈을 밝게 하는 것이 필요하다. 고집 센 사람에게는 일침(一鍼)의 자극이 필요하다. 인생의 문제를 어떻게 다루느냐에 대한 명쾌한 가르침은 필수적이다. 하지만 사람들은 길 잃었고 눈이 멀었고 고집이 세기만 한 것이 아니다. 그들은 두려움에 질려 있다. 겁에 질린 사람들은 인내심 있게 용인해 주는 이해를 필요로 한다. 그리스도인들은 이해가 없는 충고는 도움이 되지 않는다는, 잊어버리기 쉬운 진리를 파악해야 한다. 사실상 이해없는 충고는 거절의 한 형태인 것이다.

　　섣부른 충고는 경멸과 무관심의 뜻을 전달한다. 충고자는 "내가

생각하기로 너는 …해야 해"라고 말했을지 모르나, 상대방에게 들린 말
은 "네 문제는 간단해. 하지만 너는 너무 어리석어서 해결책을 찾지 못
하는 거야. 그래서 어떻게 해야 하는지 내가 말해 주겠어"인 것이다.

　　격려자가 할 일은 이해하고 받아들여 주는 것이다. 물론, 성경의
가르침에 기초한 직접적인 충고도 어떻게 해야 할지 몰라하는 사람을 도
와 주는 필수적인 부분이긴 하다. 하지만 격려의 독특한 업무는, 용납됨
으로써 자기 자신을 개방하여 좀더 기꺼이 좋은 충고를 취할 수 있도록
사람들을 준비시키는 것이다. 격려자들은 모든 문제에 대해 일일이 처방
을 해주어야 한다는 압박감을 느낄 필요가 없다. 명백한 방향 지시를 위
해서는 그리스도 안에 있는 다른 형제 자매, 좀더 숙달되어 있고 성경 지
식이 풍부한 사람들이 부름받아야 할 것이다. 격려자들은 이해해 준다는
것이 얼마나 가치있는 일인지 깨달아야 한다.

　　조용하게 경청하고 면밀하게 조사하고 조사한 것의 요점을 명료하
게 밝히고 재진술된 것을 인지하는 것이 이해를 증진시키고 그 뜻을 전
달해 주는 몇 가지 방법이 될 수 있다 .이와 같은 언어상의 전략은 다음
장에서 논의가 될 것이다. 하지만 그 모든 것 가운데서 격려자의 기본
취지는 다음과 같아야 한다. "나는 당신의 말을 듣고 있읍니다. 나는 좀
더 당신의 말을 듣고 싶습니다. 그리고 나는 당신이 가치 있는 존재라는
것을 믿습니다."

원칙 3 : 정확히 이해할수록 우리의 말은 더 격려가 된다

격려자들은 상대방이 걱정거리를 털어놓을 경우 거절하지 않고 받아들여
줄 준비를 하고, 그 사람이 말하는 모든 것을 민감하게 이해해야 할 뿐
만 아니라, 그 사람의 가치에 대한 인식을 증대시키는 말을 해야 한다.
그렇게 하기 위해 격려자들은 한 사람을 가치있게 이해해야 할 필요가
있다.

　　성경은 인간이 독특한 존재라고 가르치고 있다. 우리는 하나님의
형상을 지니고 있다. 그 형상이 그 어떤 것을 내포하고 있든지, 그것은
틀림없이 사람은 사랑의 관계로 들어갈 수 있으며 의미 있는 행위에 종

사할 수 있다는 사실을 포함하고 있다. 우리는 관계를 맺고 의미 있는 행위를 하도록 계획되어졌다. 하나님은 아담과 하와와 더불어 교제하셨고 그들에게 해야 할 일을 할당해 주셨다.

우리는 유한한 존재로 창조되었기 때문에 풍성하고 온전한 삶을 살기 위해 필요로 하는 자원들을 우리의 무한하신 창조주께 의존한다. 그래서 우리는 관계(relationship)를 필요로 하고 의미(meaning)를 필요로 한다. 우리는 사랑과 목적 둘 모두를 요구하는 것이다. 다른 책*에서 나는 이 말을, "사람들은 안전(security)과 중요성(significance)을 필요로 한다"고 했다. 상실할 수 없는 사랑을 누리는 안도감과, 영원한 영향력을 지닌 행위를 추구하는 중요성은 그리스도와의 관계를 통해서만 우리 손에 넣을 수 있다.

타락한 인간의 마음 깊은 곳에 자물쇠로 채워져 있는 본질적 두려움은 불안정(거절당하는 것)과 무의미한 존재가 되는 것(가치의 상실)에 대한 두려움이다. 만일 격려자들이 사람들의 자족(自足)이라는 꺼풀 밑에 숨겨진 이 두 가지 깊은 열망을 분명하게 이해한다면, 그들은 말은 사람들의 두려움을 더 많이 이해했음을 반영하는 말이 될 것이다.

격려의 말은 꺼풀들이 내세우고 있는 모든 것의 기저를 통찰하는, 관계에 대한 욕구를 확인한다. 최근에 이혼을 한 어떤 여인이 자신은 하나님께서 달갑잖은 독신 생활에 적응할 수 있도록 도와 주실 것으로 안다고 내게 이야기했다. 나는 그런 그녀의 확신이 진심이라기보다 좀 무리한 것이라는 사실을 감지하고, 사람들이 얼마나 열렬하게 관계를 갈망하는지를 기억하면서 "외롭다고 느끼십니까?"라고 간단히 물었다.

그러자, 그녀는 울음을 터트리면서 마음을 털어놓았다. 그녀는 인생이 다시는 즐거워지지 않을 것이라는 섬쩍한 두려움을 느낀다고 했다. 그녀에게는 관계가 필요하다는 사실을 나 자신에게 상기시키면서 나는 그저 듣기만 했다. 나는 적어도 그녀를 인정해 주고 그녀를 염려해 주는 한 사람이 된 것이다. 그리고 나서, 나는 하나님의 존재를 그녀의 삶에서 깊이 인식할 수 있게 해달라고 그녀와 함께 기도드렸다.

*「성경적 상담학」정정숙 역. 총신대학 출판부, 1982.

격려의 말은 관계에 대한 필요, 의미에 대한 필요 모두를 이야기로 설명한다. 우리들 모두는 우리에게 중요한 것을 알기 원한다. 우리는 주위에 영향을 끼칠 수 있기를 갈망한다. 몇 년 동안 능동적으로 관여하며 관계를 맺어 온 교회를 떠나기란 어려운 일이다. 그리고 우리가 부재(不在)함으로 인해 생긴 틈이 재빨리 또 아무런 고통없이 메꾸어진다는 사실을 발견하기도 어려운 일이다. 하나님은 우리의 세상에서 우리가 뭔가 다른 점을 만들라는 의도로써 우리를 계획하셨다. 긍정적인 영향을 끼치고 있다고 의식될 때 우리는 좋은 기분을 느낀다.

그에 따라, 사람을 격려하는 훌륭한 방법은 그들로 하여금 우리의 삶을 포함한 타인의 삶에 있어 그들이 끼친 영향력을 알게 하는 것이다. "당신의 미소는 정말 내 마음을 기쁘게 합니다. 혹은 "당신이 아이들을 대하는 태도는 늘 내가 본받아야 할 최고의 모범이었지요" 혹은 "당신의 일관성 있는 삶을 보고 나는 그리스도인의 삶은 정말 위력있다는 사실을 믿게 되었답니다"와 같은 말들은 매우 고무적인 말이 될 수 있다.

격려자들이 근본적인 필요를 알아차리는 방법에 민감해지면, 그리스도 안에서만 얻을 수 있는 안전감과 중요성을 경험하지 못하리라는 절망감에 빠지는 사람에게 희망을 갖게 하는 어떤 말을 해줄 수 있게 될 것이다. 그렇게 해주지 않으면 그리스도 안에서만 얻을 수 있는 안전감과 중요성을 체험해 보지 못할 것이라는 절망에 빠진다. 사람들의 필요를 정확히 이해하는 것이 격려자가 좀더 고무적이 되는 데 도움을 줄 수 있다.

요 약

사람들은 대화의 문을 엶으로써 타인의 삶에 자신의 삶을 연관시키는 데 저항감을 느낀다. 그런 저항감이 생기는 한 가지 이유는 만일 다른 사람이 문을 열고 개인적인 고통을 드러내 보인다면 뭐라고 말해야 할지 모를 것이라는, 이해할 만한 두려움 때문이다.

우리는 이 두려움이 모든 드러난 문제들에 대해 해결책을 제시해야 한다는 부담감을 스스로 짊어진 데 대한 결과라는 사실을 잘 알고 있다. 하지만 그런 부담감은 격려의 본질을 잘못 이해하고 있다는 것을 반영한다.

격려는 다음 세 원칙이 적용되고 있음을 나타내 주는 과정이다.

1. 필요 혹은 문제점이 노출되어 놓여 있을 때, 격려의 말은 그것을 받아들인다는 의사를 표현한다.

2. 문제를 이해하기 전에 주는 성급한 충고는 그 사람과 그 사람의 문제에 대한 경멸의 뜻을 전달해 준다.

3. 사람들의 근본적인 두려움은 자신들이 필요로 하는 것 - 사랑과 목적 - 을 상실하는 데 대한 두려움을 포함하기 때문에, 격려의 말은 당신을 받아들였다는 것, 그리고 당신이 이 세상에 끼친 영향을 알고 있다는 것을 상대방에게 전달하는 말이어야 한다.

12
격려의 기술 : Ⅰ

우 리가 진정으로 격려를 주는 사람이 되고자 할 때, 극복하지 않으면 안 될 아주 현실적인 장애물들이 있다. 그 중 조작적 태도(manipulation)와 층(layer), 이 두 가지에 관해서는 앞 장들에서 논의한 바 있다. 누군가를 격려해 주고 싶다면 우리는 먼저 우리의 본연으로부터 동기가 무엇인지 밝혀낼 수 있어야 하며, 그 다음에 그것을 남을 위해 사용하는 일에 적극적으로 도전해야 한다.

동기가 늘 순수한 것만은 아니라는 사실을 깨우쳐 주는 것만으로도 많은 사람들로 하여금 자신이 하고 있던 일을 멈추게 할 수 있다. 두 아이를 거느린 연상의 여자와 결혼하려고 하는 아들을 둔 중년의 그리스도인 부인과 면담을 한 적이 있다. 그 부인은 아들이 지금 엄청난 결정을 하고 있는 것이라고 아들을 설득해 줄 것을 간청했다. 그 모자간의 관계를 면밀히 검토하면서 나는 그녀가 15년 동안이나 아들의 직업, 주택, 승용차 그리고 여자 친구 관계까지 조종해 왔음을 알았다. 그런데 이제 그녀의 기지(機智)는 막바지에 다달아 있었다. 왜냐하면 아들의 배우자를 선택하는 가장 중요한 싸움에서 아들에 대한 통제권을 상실했음을 깨달았기 때문이다. 그녀와 면담하면서 내가 목표로 삼은 것은 그녀가 아들의 수호 천사 역할을 포기하도록, 그리고 어머니의 역할은 그것과 매우 다르다는 것을 알 수 있도록 도와 주는 것이었다.

하지만 그 부인은 화를 내며 완강한 반응을 보였다. "난 아들에게 유익이 되지 않는 일은 결코 해본 적이 없어요." 그녀는 뒤틀린 사랑,

＊ 12~13장은 D. 앨린더(Dan Allender)의 글이다.

두려움, 질투심 섞인 자존심이 뒤엉켜 눈이 멀어 있었기 때문에 자신의 행동 뒤에 교묘히 조작된 목표가 있다는 사실을 인지할 수 없었다. 관심(concern)과 통제(control) 사이의 분명한 한계선은 구별하기가 어렵다. 교묘히 조작하는 태도가 헌신적인 태도처럼 보일 수도 있는 것이다.

우리가 영향력 있는 격려자로 발전해 나가는 것을 방해하는 두번째의 장애물은 자기 보호 막(layer) 뒤에서 사는 버릇이다. 꺼풀은 우리로 하여금 불안정함과 무의미함에 대한 두려움을 가라앉히게 하면서 한편으로는 자신감으로 겉치장을 할 계획을 하고 있는 보호 방패라는 사실을 기억하라. 이러한 꺼풀들은 다른 사람들과 거리를 유지함으로써 마음 편안한 교제를 나눌 수 있도록 도와 준다. 교회의 익살꾼, 심각한 신학자, 시대의 증후 역할을 하는 광신자, 친절한 사교가, 벽에 걸린 꽃처럼 수줍음 타는 아가씨, 이 모든 사람들은 보호막 뒤에서 자신의 환경을 편안하게 조종할 수 있게 하는 역할을 연기하고 있는 것이라 하겠다.

꺼풀의 이러한 개념을 이해하는 것은 중대한 일이므로, 우리는 꺼풀의 보호 기능이 뚜렷하게 나타나는 한 예를 생각해 보아야 한다. 내 딸 안나가 15개월째 되었을 때의 일이다. 안나는 냉장고의 냉동실에서 얼음들을 끄집어 내고 있다가 그 현장을 나에게 들켰다. 그러자, 그 아이는 자기의 잘못된 행동으로부터 딴 곳으로 주의를 돌리려고 갑자기 환하게 미소지으며 "아빠.✕ 아빠.✕"하고 소리치다가는 발작적으로 웃는 것이었다.

희극 배우가 태어난 것일까? 아니다. 이 아이는 희극적인 장면을 연출하는 꺼풀을 씀으로써 자기 행동의 유쾌하지 못한 결과를 뒤로 미루거나 축소시키는 효과적인 방법을 이미 익힌, 선천적으로 자부심 강한 작은 여자아이일 뿐이다. 그 아이는 그런 몇몇 기술들을 분명 자기 아버지로부터 배웠을 것이다. 왜냐하면 그 애의 아버지도 역시 불리한 결과를 피하려고 하고 무능력한 사람으로 생각될까 두려워 몸을 숨기는 사람이기 때문이다. 내가 즐겨 쓰는 기술 두 가지는 "뽐내며 허세부리는 것", "단호하게 회피하는 것"이라 칭할 수 있다.

내 개인적 경험 또 한 가지가 더 있다. 언젠가 우리 집 주방에 있는 형광등이 나간 적이 있다. 그 날 밤에는 촛불을 밝혀 놓고 저녁 식사를 했는데 아주 참신하고도 낭만적인 처방책으로 생각되었다. 그러나, 몇 주가 지나자 타오르는 촛불이 주는 색다른 매력이 아내에게는 더이상 매력으로 느껴지지 않게 되었다. 아내의 그런 느낌은 이해할 만했다. 형광등같이 복잡한 기계에 관해서 얼마 알고 있지도 않으면서 나는 용감하게 새 등을 구입하여 갓에 끼워 넣고 스위치를 켜보았다. 그 결과는 역시 어둠이었다. 『잡역부를 위한 요약된 지침서』(Reader's Digest Handyman's Guide)를 자세하게 읽어 본 후에 나는 안정기(ballast)에 문제가 있다는 것을 알았다. 그 때까지도 나는 ballast라는 말이 순전히 항해 용어인 줄로만 알고 있었다. 아내는 내가 갈피를 못잡고 있는 것을 보고는 옆집에 사는 "만물박사" 같은 사람에게 의논해 보는 게 어떻겠느냐고 친절하게 일러 주었다.

　　나는 아내의 충고를 듣지 않았다. "내가 할 수 있소. 자, 나사 몇 개를 빼내고 새 등을 끼우기만 하면 되는 거요." 뽐내며 허세부리는 나의 꺼풀은 지시, 충고, 그리고 상식을 무시할 것을 내게 요구했다. 몇 분 동안 나사를 풀고, 뽑고, 당기고 한 후에 나는 안정기를 안정기 판에서 뽑는 데 성공했다. 그런데 스파크가 확 일어나면서 한 움큼의 접속선들이 안정기와 함께 뽑혀져 나왔다. 한 순간의 빛과 비어져 나온 전선이 내 노력의 결실이었던 것이다.

　　이제 단호한 회피라는 꺼풀에 돌입해 보자. 인내심 많은 내 아내는 내가 그 사건에 두번째 공격을 시도하기까지 거의 6주를 기다렸다. 그 기간 동안 나는 무엇이 문제인지를 아내에게 설명해 주기로 약속했지만 어떤 행동도 취하지 않고 미루기만 했다. 나는 고통스럽지만 내 자신이 쉬운 일에도 서투르기만한 무능력자라는 느낌을 회피하는 것이 목표였음을 인정하지 않을 수가 없다. "회피"란 실패를 인정해야 하는 고통으로부터의 안전을 의미한다. 약점이 노출당하는 것을 피하고 자신만만한 인상을 주기 위해 나는 허세와 회피라는 두 개의 편안한 꺼풀을 가지고 있었던 것이다.

　　내가 쓰는 가면은 다른 사람들의 것과 전혀 다를 수도 있다. 하지만 우리들은 모두 서로에게서 우리 자신을 보호하기 위한 효과적인 전술들을 알고 있다. 격려자는 꺼풀을 쓴 안전의 따스한 난롯가를 떠나야 하며, 작위적인 꺼풀로 자신을 보호하는 대신 때때로 거절과 실패라는 바람이 윙윙거리는 곳으로 뛰어들어야 한다. 그 때, 홀로 된 그 때, 그는 그리스도의 의(義)의 외투가 전해 주는 깊은 온기를 느끼게 될 것이다. 꺼풀을 두르고 있으면 우리는 우리 자신의 능력에 의존한다. 하지만 꺼풀을 벗어버리면 우리는 그 분의 능력에 의지할 수 있다.

만일 우리가 다른 사람을 교묘히 조종하려는 본능적인 경향에 대면할 수 있다면, 우리는 헌신이 아닌 그 교묘한 조작으로 이끄는 대화의 유형을 변경시킬 수 있게 될 것이다. 또한 우리는 보호해 주는 틀 뒤에서 타인과 관계 맺는 것을 훨씬 쉽게 생각하는 꺼풀 쓴 사람이라는 사실을 자인해야 한다. 만일 우리가 그 꺼풀들을 의식할 수 있게 되면 그 때 우리는 그것들을 떨쳐 버릴 수 있다.

격려자로서 우리는 냉혹할 정도로 솔직하게 자신을 분석하는 어려운 일도 기꺼이 해야 한다. 그렇게 하지 않으면 우리의 말은 꺼풀로부터 말해진 조작적이고 파괴적인 말이 될 것이다. 우리는 생명을 가져다주는 말로 다른 사람들을 격려해야 한다.

본 장과 다음 장에서는 생명을 주는 격려를 용이케 하는 대화의 기술을 어떻게 실제적으로 발전시켜 나갈 것인가의 문제를 다루고 있다. 그러한 기술은 무엇이며 어떻게 우리는 그 기술을 개발할 것인가? 먼저 교묘한 조작과 꺼풀이라는 문제에 대해 알고 그것을 극복하는 일에 착수했다면 격려에의 임무에 관련된 실제적인 기술을 익힐 준비는 되어 있는 것이라 하겠다.

격려자의 마음가짐

기술과 기교로 주의를 돌릴 때, 우리는 격려란 "적당한 말"이라는 잘 포장된 상자 속으로 꾸려져 들어갈 수 없다는 것을 기억해야 한다. 어려운 문제를 누군가에게 털어놓았을 때, 그 사람이 "당신을 위해 기도하겠읍니다"라고 대답한다면 그 말이 얼마나 무의미하게 들리는지 당신도 경험한 바 있을 것이다. 그런 말은 격려에의 무서운 위력을 지닌 말이어야 한다. 왜냐하면 기도는 주님과 우리를 연결해 주는 생명의 고리이기 때문이다. 그런데 왜 때때로 그런 말들이 우리에게 무감동하게 들리는가? 그것은 말이란 그 말을 하는 사람이 듣는 사람과 의미있는 연관 관계를 갖고 있음을 나타내는 한에서만 힘을 갖기 때문이다.

격려는 다른 사람들의 삶에 연관될 것, 주는 것의 값을 따지지 말고 희생적으로 줄 것을 요구한다. 이는 무조건적인 사랑이다. 이 말은 진부한 표현이긴 하지만 깊고 역동적인 현실을 나타내주는 표현이다. 무조건적인 사랑이란, 한 권의 책을 읽고 난 후나 또는 어떤 세미나에 참석하고 난 후 알게 되는 3단계의 과정이나, 사람들이 흔히 갖고 있는 군중심리에서 자극되는 감정이 아니다. 그것은 부활하신 구세주의 능력 안에서 삶으로써 배우게 되는 것이며, 일생 동안 내내 해야 할 일이다. 본서의 초점은 무엇을 말할 것인가의 문제보다는 무언가를 말하는 태도의 문제에 맞춰져 있다. 그래서 우리는 격려자의 마음가짐을 살펴보는 것으로써 격려의 기술에 관한 논의를 시작하는 것이다.

잠언서는 그 자체가 우리의 말 가운데 반영되어야 할 태도의 종류를 다음과 같이 정하고 있다. 말의 힘은 말하는 사람의 성품에 의존한다는 사실에 주목하라.

> "의인의 입은 생명의 샘이라도 악인의 입은 독을 머금었느니라"
> (잠언 10 : 11).
> "의인의 혀는 천은과 같거니와 악인의 마음은 가치가 적으니라"
> (잠언 10 : 20).
> "혹은 칼로 찌름같이 함부로 말하거니와 지혜로운 자의 혀는 양약
> 같으니라"(잠언 12 : 18).
> "온량한 혀는 곧 생명나무라도 패려한 혀는 마음을 상하게 하느니
> 라"(잠언 15 : 4).
> "죽고 사는 것이 혀의 권세에 달렸나니 혀를 쓰기 좋아하는 자는
> 그 열매를 먹으리라"(잠언 18 : 21)

격려자들은 자신의 말 속에 상대방을 치유하거나 파멸시킬 큰 잠재력이 있다는 것을 기쁜 마음으로, 그리고 책임감있게 의식하고 있어야 한다. 말은 날카로운 칼날과도 같다. 각 사람은 자신의 말로 노상강도의 칼처럼 사용할 것인지 외과 의사의 메스처럼 자를 것인지를 결정해야 할 책임이 있다.

격려자는 자기 말의 위력을 알아야 하고 자신의 그리스도인 형제

자매들을 올바로 세워 주는 데 그 힘을 사용해야 한다. 잠언서에는 격려자가 말을 할 때 그의 지침이 되어 줄 세 가지의 원칙이 나타나 있다.

원칙 1 : 말하기를 더디하라
(잠언 12 : 18 / 13 : 3 / 17 : 27 - 28 / 29 : 20)
인간의 듣는 속도는 말하는 속도보다 적어도 세 배 이상 빠르다고 연구가들은 말한다. 이 말은 공상에 잠기거나, 일주일 분의 식단을 짜거나 좋아하는 곡조를 콧노래로 흥얼거리면서도 옆 사람이 떠드는 소리를 들을 수 있다는 사실을 시사한다. 만약 우리가 누군가에게 이야기하는 동안 그 사람이 생각하고 있는 것, 예를 들어 "당신이 무슨 말을 하는 건지 알 수 있을 때까지만 듣겠소. 그리고 나서는 어떻게 대답해야 할 것인지 계획을 세워야겠소."라는 생각을 우리가 들을 수 있다면 그것은 혼란스러운 상황일 것이다.

　　　그런 생각을 하며 듣는 것은 듣는 것이 아니다. 잠언 18장 13절에서는 "사연을 듣기 전에 대답하는 자는 미련하여 욕을 당하느니라"고 말씀하고 있다. 격려자로서 우리는 말하기를 더디해야 하며, 그래서 다른 사람이 말하는 것에 집중할 수 있어야 한다. 그 때 우리는 상대방이 털어놓은 걱정거리에 적합한 말을 하게 될 것이다.

원칙 2 : 민감하게 말하라
격려자의 응답은 잘 조정된 것이어야 하며 말하고 있는 사람의 상황과 성격 모두에 적합한 말이어야 한다. 한 시골 교회에서 설교를 한 적이 있는데, 그 때 설교를 마치고 나서 나는 존경받기는 하지만 어쩐지 위협적인 느낌이 드는 집사와 그의 가족에게 식사 초대를 받았었다. 교회와 가정을 다스리는 데에는 강철 손이 필요하다고 역설하는 그의 말을 들으면서 나는 그 방 안에 있는 모든 사람들이 완전히 위협을 느끼고 있다는 것을 알아챘다. 그것은 그가 시종 사나운 어조로 이야기했고 또 모든 사람을 다 그릇된 사람으로 간주하고 있는 것으로 보였기 때문이었다.

　　　식사가 끝난 후 집사의 네살 난 손녀가 여자들을 도와 식탁을 치우다가 무엇엔가 걸려 넘어지는 바람에 "선데이 차이나" 접시 몇 개를 떨어뜨려 깨뜨렸다. 그때 나는 그 어린 아이의 목에 단두대가 떨어지듯 지독한 꾸중이 있을 것으로 예상하고 공포에 사로잡혔다. 하지만 놀랍게

도 그 노신사는 재빨리 아이에게로 다가가 그 어린 소녀의 머리칼을 쓰
다듬어 주며 크게 울지도 못하는 아이의 울음을 달래 주는 것이었다. 그
는 놀란 아이에게 민감한 태도로 반응했다. 만일 그가 거칠게 나무랐다
면 그 소녀를 눈물바다 속으로 빠뜨렸을 것이다. 그런데 때 맞춘 그의
따스한 손길로 인해 그런 불행한 사태를 피할 수 있었던 것이다.

　　이 사건의 교훈은, 격려자는 민감하다는 것이다. 격려자는 자기
자신에게 다음과 같은 질문을 해야 한다. "이 사람의 마음을 움직이는
데 어떤 말이 가장 효과적일까?" "이 사람이 그리스도 안에서 장성하는
것을 도와 주기 위해 현재의 상황이 내게 요구하는 것은 무엇인가?"

　　민감하게 되기 위해서는 상황을 확실히 이해할 것과, 다른 환경에
서 사람들은 일반적으로 어떻게 느끼는가에 대해 기본 지식을 갖고 있을
것이 요구된다. 임무 완수에 실패한 사람에게 어떤 말로 응답하기 전에
나는 일이 사람보다 덜 중요하다는 점을 나 자신에게 상기시켜야 한다.
내가 말로 하는 응답에는 실패한 사람에 대한 사려깊은 염려가 반영되어
있어야 한다. 오직 그 때에만이 임무 완수에 관한 부정적인 피이드백(f-
eedback)은 건설적 비판으로서의 자격을 가질 수 있을 것이다. 만일 내가
그런 민감성을 발휘하지 않는다면 나의 논평은 파괴적이 될 것이다.

원칙 3 : 부드럽게 말하라

(잠언 15 : 1, 4 / 26 : 21)
쨍그렁거리는 말은 사랑이 아닌 다른 동기에 의한 말이다. 사방이 그런
소음으로 가득 차 있다. 능력을 시위하기 위해, 성공을 과시하기 위해,
다른 사람을 통제하기 위해, 명성을 높이기 위해 하는 말들이 너무 많은
것이다.

　　나는 훌륭한 의사 소통이라기보다 배구 게임과 더 비슷한 한 가족
간의 대화를 들었던 것을 기억한다. 대화의 주제는 여행이었고 각 참여
자들은 자기의 경험담을 이야기하는 데 큰 기쁨을 느끼고 있었다. 몇 가
지 이유가 있어 나는 주제가 되튀어 왔다가 한 사람이 다른 사람에게 방
금 무슨 말을 했는지 상세히 설명해 달라고 요구하기도 전에 다시 앞으
로 나아가곤 하는 횟수를 세어 보았다. 나는 스물 여섯번째에서 세기를
멈추었다. 그들의 말은 마치 공을 손바닥으로 치는 것과 같았다. 다른
사람이 무엇을 말했는지에는 전혀 관심이 없었다. 친절한 말은 연관 관

계와 관심을 보여 준다. 이기적인 말은 세인의 주목을 받으려는 아우성이다. 그런 말은 대화를 용이케 한다기보다 오히려 대화를 방해한다.

부드러운 말이라고 해서 반드시 상냥하게 말해지는 것은 아니라는 사실을 나는 꼭 밝혀야겠다. 오히려, 부드러운 말이란 호의로 양념을 친 말이다. 부드러운 말은 양들을 가장 안전한 길로 인도하는 목자의 지팡이에서 느끼는 부드럽고 안정된 촉감을 닮을 수도 있다. 부드러운 말은 꺼풀을 쓰고 있을 필요가 없다고 우리를 설득시키며, 그럼으로 해서 우리를 괴롭히고 있는 걱정거리나 우리 마음을 채우고 있는 기쁨 등을 자유롭게 표현하게 만들 수도 있다. 부드러움의 정도는 어조의 문제라기보다 동기의 문제이다.

최근에 나는 몇 달 동안 보지 못했던 친구들과 함께 시간을 보낸 적이 있다. 한 주간 동안 배를 타고 여행하면서 우리는 그리스도 안에서의 우리의 장성에 관하여 상당히 길게 이야기했다. 우리는 웃기도 하고 심각해지기도 하며 서로 교제를 즐겼다. 주말에 이르자, 나는 그 시간이 내 영혼을 맑게 해주었다는 것을 깨달았다.

우리가 나눈 말들은 주님과 나와의 관계, 나에 대한 그분의 사랑, 그리고 그분을 섬기는 일에 부름받은 귀한 소명을 다시 한번 깊이 생각해 볼 수 있게 해주었다. 우리의 대화는 상호간의 사랑과 관심으로 충만해 있었다. 그 대화는 부드러웠다. 부드러운 말은 딱딱한 꺼풀을 부드럽게 하고, 우리 자신을 정직하게 바라볼 수 있게 하며, 그리스도를 감사한 마음으로 바라볼 수 있게 하는 결과를 낳는다.

그러므로 격려자는 비록 피상적인 대화를 나눈다고 해도, 부드럽게 말하는 눈으로써 상대방이 처한 상황과 그 사람의 성격을 감지할 것이다. 그는 친절하며 상대방에 연관된 상호 작용을 통해 자신의 말이 상대방에 꺼풀을 부숴버리기를 원한다. 그리스도인은 모두 부드럽게 말할 수 있다. 더 많은 사람들이 그렇게 해야 한다.

격려자가 되는 데 가장 주된 방해물은 아마도 자기 만족에 대한 일반적이고도 본능적인 욕구일 것이다. 아주 신실한 사람조차도 자기 중심적인 옛 생활 방식으로 후퇴할 경우가 있다. 더디 말하고 민감하게 말하고, 부드럽게 말하는 것은 정말 노력이 요구되는 일이다.

격려를 방해하는 대응 자세

격려하는 말의 이러한 세 가지 간단한 특성에 주의를 기울일 때 이러한 원칙에 위배되는 몇 가지 언어상의 습관을 정확히 지적해 보는 것도 도움이 될 것이다.

1. 방어적 혹은 설명적인 말

직장에서 늦게 귀가한 한 남편이 가족들 모두가 텔레비젼만 뚫어지게 바라보고 있음을 발견하는 장면을 상상해 보라. 그의 아내는 "이제야 오셨군! 저녁 식사가 벌써 다 식어버렸잖아요."라고 그를 닦아세우기 위해 TV에서 잠시 눈을 뗄 뿐이었다. 이 때 그는 "어떤 대가를 치르더라도 네 자신을 보호해라, 가장 훌륭한 공격은 잘 방어하는 것이다, 목소리 큰 사람이 이긴다" 등의 몇 가지 생각 중의 하나에 의해 대응 자세를 취할 것이다.

그는 퇴근 시간 무렵에 사장이 일거리를 한 아름 안겨주었다, 차가 시동이 걸리지 않았다, 다리 위에서 사고가 있었다고 설명한다. "게다가 지나오는 길에 있는 공중 전화 박스엔 모두 누군가가 들어있었단 말이오. 당신에게 전화하려고 멈춰서 기다렸다가는 더 늦기만 했을 거요."

그는 왜 이렇게 설명을 늘어 놓는가? 자신의 행동이 더 잘 드러나게 만들고 화난 아내로부터 괴롭힘 당하는 일을 피하고 싶은 것이 그의 의도이다.

2. 사과

당신에게 불평하는 누군가에게 대처하는 또 하나의 빈번한 방법은 사과이다.

> "죠오지, 당신이 가게에 가기 전에 내게 전화해 주었으면 좋았을
> 걸 그랬잖아요."
> 『미안하오.』

이 같은 재빠른 사과는 대화를 단절시키고 문제가 표현되고 이해될 기회를 막아 버린다.

3. 공격 또는 마음 아프게 하는 말

요즈음에 있어서의 유우머는 비꼬고 조롱하며 비판하는 것일 경우가 많
다. 인기있는 코미디언들의 풍자와 무례한 유머는 그리스도인들의 대화
형식에도 많은 영향을 미쳤다. 내가 상담을 해주었던 한 남편은 어느 날
저녁 집 안으로 들어오면서 자기 아내에게 "자, 우리 주방장께서는 오늘
어떤 요리를 했지? … 농담하지마, 당신이 이걸 만들었다고? 기적이 일
어난 건가?"라고 했다고 한다.

교회 내의 그리스도인들 간의 모임도 마음 아프게 하는 말끼리 서
로 부딪침으로써 번성하는 경쟁 사회가 될 수 있다. 어떤 사람이 실직한
친구에게 "여보게, 복지 사업 사무소는 잘 되어가나?"라고 말한다. 또
어떤 사람은 모임 중의 한 비만한 친구에게 "다이어트는 어떻게 되어가
나? 아직도 살이 좀 빠지지 않은 건가?"라고 말한다. 잔인한 농담은
상대방에게 상처를 준다.

4. 교정

또 하나 격려를 방해하는 것에는 "당신은 마땅히 느껴야 할 것을 느끼지
못하고 있다"고 누군가에게 말하는 것도 포함된다. 한 남편이 말한다.
"난 아주 용기를 잃었소. 이 일을 어떻게 해나가야 할지 모르겠단 말이
오."

그러면 아내는 이렇게 대답한다. 『여보, 그렇게 생각하면 안 돼요.
모든 게 다 잘 될 거예요.』 그러나 남편이 여전히 낙담한 채로 큰 소리를
치자 아내는 왜 자신의 말이 남편에게 도움이 안되었는지 의아해하였다.
그녀는 남편의 감정을 먼저 받아들여 주었어야 했다는 것을 몰랐던 것이
다. 감정에 수반되는 생각과 행동은 나중에 바로잡아 줄 필요가 있다. 그
리고 사실 그렇게 되고 있는 경우가 많다. 하지만 있는 그대로의 감정이
먼저 상대방에게 받아들여져야 한다.

5. 성급한 충고

누군가 자기 문제를 털어놓을 때는 해결 방안을 듣기 전에 먼저 자기 자
신이 상대방에게 이해되기를 원한다. 도움이 될 만한 충고를 주었는데도
아내는 화를 내고 기분 나빠한다고 의아스러워하는 남편들이 많다. "나
는 단지 도와 주려고 했을 뿐인데"라고 그들은 말한다. 우리는 이렇게 문

제를 먼저 이해하지도 않고 충고를 주는 경우가 많다.

내 아내가 여성 모임에서 처음으로 공적인 연설을 하게 되었을 때의 일이다. 아내는 그 일을 준비하면서 안절부절 못했고 불안해했다. 나는 그녀에게 도움이 되도록 이야기의 대강 윤곽만을 잡아보라고 제안했다. 그리고 적절한 성경 구절을 몇 가지 찾아 준 후, 그녀의 뺨에 부드럽게 키스해 주었다. 그러나, 아내는 여전히 마음을 편히 갖지 못했다. 사실을 말하자면, 그녀는 더 긴장하고 있었다. 아내는 이제, 여전히 신경을 곤두세우고 있는 자신을 내가 비난하지 않을까 염려했던 것이다. 성급한 충고는 정작 문제점을 놓쳐버리는 결과를 낳은 것이다.

심지어 건전한 것일지라도 충고가 부정적으로 들릴 수가 있다. 몇 시간 동안 방향을 잃고 헤매고 있는데 한 친구가 개스 충전소로 차를 들여서 길을 물어보자고 제안했다고 하자. 우리는 그의 말에서 사랑과 선행에로의 자극을 거의 받지 못한다. 그 친구의 말은 우리에게, "이 멍청이들아, 이 궁지에서 우리를 건져 줄 사람을 찾아야 할 게 아냐!"처럼 들린다.

상대방을 낙담케 하는 이 다섯 가지 태도는 자기 감정을 털어놓는 사람을 거절하는 것과 마찬가지인 여러 가지 태도 중의 일부에 지나지 않는다. 우리는 말하기를 서두르지 말 것, 민감하게 말할 것, 부드럽게 말할 것, 이 세 가지의 원칙에 위배되는 태도를 보이지 않도록 주의해야 한다.

다음 장에서는 일상적인 대화의 시간들을 진정한 격려의 순간으로 변형시켜 주는 독특한 언어상의 기술을 좀더 자세하게 살펴보게 될 것이다.

요 약

격려자가 되기 위해서, 우리는 먼저 교묘히 조작된 우리의 꺼풀을 밝혀내고 봉사에의 목표를 추구하기로 결심해야 한다.

두번째로 우리는 천천히 말할 것, 함께 이야기 나누는 사람의 필요와 문제에 민감할 것, 그리고 두려움을 줄여 준다는 목적을 갖고 부드럽게 말할 것을 우리 자신에게 훈련시켜야 한다.

그 다음, 상대방이 문제를 털어놓았을 때 그것을 받아들이기를 거부하는 태도로 사람들에게 대응하는 자세는 피해야 한다. 방어하거나 변명하거나 공격하거나 교정해 주거나 성급한 충고를 주어서는 안 되는 것이다.

13

격려의 기술 : Ⅱ

값지고 의미있는 격려를 준다는 것이 무엇을 의미하는지를 이해하기란 간단한 일이 아니다. 격려를 주제로 한 세미나에 참관했던 한 친구는 이렇게 말했다. "나는 3단계의 쉬운 과정을 거쳐 격려하는 법을 빨리 배울 수 있을 것으로 기대했읍니다. 그런데 몇 가지 공식들을 배웠다기보다는 오히려 타인의 마음 속에 어떤 일이 일어나고 있는지에 관한 좀 어려운 질문, 그리고 내 마음 속에서는 어떤 일이 일어나고 있는지에 관한 더욱 어려운 질문을 내 자신에게 하지 않으면 안 되게 되었읍니다."

그 친구는 요점을 파악한 것이었다. 우리가 이해하는 대로, 격려란 일련의 새로운 기술을 습득하는 것 이상의 일이다. 이는 자신을 성찰하는 마음과 다른 사람의 필요에 대해 호의적이고도 분별력 있는 예민성을 갖고 대응한 결실이다. "이는 마음에 가득한 것을 입으로 말함이라" (마태복음 12 : 34).

격려의 말은 겸손하고 친절한 마음에서 나온다. 자기 자신의 기만성에 무감각한 마음을 가진 사람, 상한 심령이 아니며 교만한 마음을 가진 사람은 타인에게 깊은 격려가 되는 말을 결코 하지못한다. 그들의 말이 아무리 부드럽고 적절한 말이라고 해도 마찬가지이다.

하지만 격려한다는 것은 태도 이상의 문제이다. 격려하는 데에는 어떤 기술들도 필요하다. 말은 의사를 전달하는 주요한 방법이기 때문에 우리는 마음의 의도를 적절하게 전달해 줄 언어를 선택하는 문제에도 관심을 기울여야 한다. 본 장은 올바른 마음에 의해 동기가 유발되었을 때, 그것을 격려로 연결시킬 수 있는 몇 가지 언어상의 전략에 초점을 맞추고 있다.

　　같은 일을 가지고 이야기했는데 한 편은 내게 격려가 되었고 한편
은 나를 낙담케 했던 한 간단한 상황에 대해 생각해 보자. 이 대화를 읽
으면서 각각 어느 경우가 나를 격려했고 또 나를 맥빠지게 했는지 생각
해 보라.

　　아내와 나는 바닷가에서의 휴가 계획을 세워 놓고 1년 이상을 목
놓아 기다렸다. 몇 가지 욕구들을 희생시켜가며 몇 페니씩의 돈을 모아
온 끝에 우리는 플로리다 서해안의 항해학교에서 한 주간을 보낼 수 있
었다. 함께 있는 풍요로운 시간, 바닷물 위에서의 즐거움, 한껏 누리는
하나님의 축복 등, 한 주간 동안의 완전한 기쁨은 오랜 기간의 기다림을
보상해 주었다.

　　휴가가 끝나자 우리는 북쪽에 있는 우리 집, 그 쌀쌀한 기후 속으
로 되돌아 왔다. 열대의 낙원에서 눈으로 뒤덮인 거리로 순식간에 이동
한다는 것은 굉장한 문화 충격임이 입증되었다. 나는 화를 내거나 우울
에 빠지지 않고도 낙원의 상실이라는 사실을 받아들일 수 있을 만큼 성
숙해 있었지만, 오버코트와 장갑에 감싸인 내 자신을 직장으로 질질 이
끌고 가는 일에는 어쩔 수 없는 저항감을 느꼈다. 그 순간에는 "항상 기
뻐하라"는 것과 "선한 싸움을 싸우라"는 것에 대한 매력도 내 마음을 움
직이지 못했다. 나는 약간 풀이 죽은 상태였다.

　　내가 집에 돌아온 지 얼마 안 되었을 때 있었던 다음의 두 대화를
잠깐 엿들어 보라.

　　　프레드 : "좀 그으른 것 같군."
　　　댄　　 : "베키와 함께 플로리다에서 1주일을 보냈지. 멋진 날씨였
　　　　　　　 어. 우리는 한 주일 동안 배를 탔지."
　　　프레드 : "하, 비행기 여행이라? 우리들 중 가장 멋진 휴가였을
　　　　　　　 것 같은데, 불행하게도 햇볕에 그을린 피부는 이 곳에선
　　　　　　　 오래 가지 않을걸."(이 때 프레드는 분명히 비꼬는 뜻이
　　　　　　　 담긴 웃음을 웃었다.)
　　　댄　　 : "알고 있어, 하지만 여행을 떠나서 긴장을 풀고 아내와
　　　　　　　 함께 시간을 보낸 것만으로도 가치가 있어. 비록 따분하

고 고된 일로 되돌아오기가 좀 힘들긴 해도…."
프레드 : "따분하고 고된 일이라고./ 적어도 자넨 여행을 다녀왔
　　　　어./ 자, 봐, 우리가 함께 일해야만 기한이 다 된 이 연
　　　　구 과제를 마칠 수 있단 말일세."

　　대화하기 전에 나는 약간 풀이 죽은 상태였었다. 그런데 이야기가
끝나자, 나는 어지간히 풀이 죽었다. 임무로 되돌아가고 싶은 생각은 더
욱 없어졌고 때때로 삶은 불유쾌하기도 하다는 현실을 더 새삼스럽게 느
끼게 되었다. 왜 그런가? 프레드는 내 친구다. 그가 늘 나에게 불친절
한 것은 아니다. 또한 대화하는 동안 그가 나에게 특별히 원한이 있거나
화가 난 것으로 보이지도 않았다.
　　프레드는 자신의 말에 감싸여 있어서 그 말이 내게 미칠 영향에
신경을 쓰지 못했고 내가 어떤 기분인지에 대해 무감각했다. 그는 나의
감정을 인정해 주지 않았다. 그는 오히려 그것을 맹렬히 공격했고, 내 기
분을 이해해 주기보다는 나의 나태함을 경멸했다. 그는 내가 다시 일을
시작하는 데 도움이 될 만한 전망을 주지 못하고 그대신 나에게 나의 의
무만을 상기시켜 준 것이다.
　　다른 대화를 들어보라.

제인 : "안녕하세요, 댄./ 어머, 보기좋게 탔군요 ! 언제 돌아오셨
　　　　어요 ?"
　댄 : "이틀 전에요."
제인 : "휴가는 어땠나요 ? 멋진 시간이었죠 ?"
　댄 : "아주 좋았어요./ 베키와 나는 그저 긴장을 풀고 있기만 하
　　　　면 되었다오. 비록 그것 때문에 되돌아오는 일이 좀 힘들게
　　　　느껴지긴 했지만, 거긴 낮 온도가 80°F(27°C)이고 영하
　　　　의 날씨는 보기가 드물 거든요."
제인 : "정말요./ 선생님이 그런 곳에 갔다 오셨다고는 믿어지지가
　　　　않는군요. 그 멋진 곳에서 현실 생활로 되돌아 온 베키의 기
　　　　분은 어떤가요 ?
　댄 : "내 생각엔 나보다 좋아요. 여기에서의 그녀의 일정도 고달
　　　　프긴 하지만 내 일과보다는 약간 여유가 있으니까 말이오.

한 주간 동안 아무것도 하지 않는 것과 다시 시간에 쫓기는
일과 맞부딪혀야 한다는 것 사이의 차이가 이렇게 클 줄이
야."

제인 : "그래서 지금 힘드시는군요."

댄 : "자랑할 만한 일은 아니지만 사실 그렇다오."

제인 : "학교와 직장 일은 정말 선생님의 시간을 많이 빼앗는 일이
죠. 안 그래요 ? "

댄 : "베키하고 나는 아무에게도 방해받지 않고 단 둘이만 있는
시간을 많이 가졌지요. 여기서 아내와 그런 시간을 잠깐이
라도 가질 수 있다면 그건 행운이지. 난 우리가 서로 다른
일에 헌신하고 있다는 것이 우리가 서로에게서 느끼는 친밀
감을 손상시키지나 않을까 겁이 나거든요."

제인 : "그러니까 선생님은 따뜻한 날씨와 배를 타는 기쁨을 맛볼
수 없다는 것만이 아쉬워서 그러시는 게 아니군요".

댄 : "그렇다고 여겨져요. 이번 여행은 우선권을 두어야 할 일의
순서가 잘못되어 있다는 걸 깨닫게 해준 것 같아요. 지금은
그 순서가 다시 흐트러질까 봐 두렵소."

첫번째 대화와 두번째 대화는 극단적 대조를 이루고 있다. 하지만
과장된 것은 아니다. 이 대화들은 사실 그대로이다. 제인은 나를 이해하
려고 노력했다. 그녀는 다른 사람의 걱정거리를 자신의 것보다 더 중요
하게 여겼다. 그녀는 그녀 자신의 필요가 아닌 나의 필요에 응답했다. 그
녀의 격려하는 말은 나의 괴로움이 사실상 무엇인지를 따져볼 수 있도록
나를 분발시켰다. 내게 도전해 오는 문제의 본질을 확실히 파악한 나는
내 삶의 질서를 유지시켜 주는 일에 헌신하려는 다짐을 새롭게 할 수 있
었다. 제인은 사랑과 선행에로 나를 자극시킨 것이다.

제인은 어떻게 그렇게 했는가 ? 그녀가 올바른 동기를 갖고 있었
다고 가정했을 때 (그녀의 사랑으로부터 나의 두려움에게 이야기했다고
했을 때), 그녀는 나를 격려하는 어떤 일을 했는가 ?

이 질문에 대한 대답은 본 장의 초점이 되고 있는 두 개의 개념 속
에 있다. 격려하는 사람은 먼저 자기 자신의 말로 표현되지 않은 멧세지
에 주의를 기울여야 하며, 또한 4가지 언어상의 기술을 익혀야 한다.

말로 표현되지 않은 멧세지

당신이 말하고 있는 동안 당신의 뒤쪽 벽을 응시하고 있는 사람과 이야기해 본 적이 있는가? 당신이 마음을 털어놓고 있는 동안 책상 위에 놓인 종이를 이리저리 옮기고 있는 사람, 혹은 당신 아이의 병에 대해 이야기하고 있는데 손톱을 뜯고 있다거나 손가락에 끼인 반지를 빙빙 돌리고 있는 사람은 또 어떤가? 말로 표현되지 않은 이와 같은 행동은 "나는 당신이 말하고 있는 것에 특별한 관심이 없습니다. 서둘러서 이야기를 끝내 주시겠읍니까?"라는 뜻을 분명히 전해 주는 것이다.

앞에 기록한 제인과 나 사이의 대화는 그녀의 비언어적인 멧세지를 나타내는 것일 수가 없음이 물론이다. 하지만 나는 그녀가 나의 문제에 관심을 갖고 있음을 반영해 주는 태도로 행동한 것을 주목했었다. 다섯 가지의 간단한 제안들이 제인이 어떻게 말을 사용하지 않고서도 의사 표현을 했는지, 그리고 사람들은 어떻게 말이 없이도 타인을 격려할 수 있는지를 적절하게 요약해 줄 것이다.

1. 상대방과 정면으로 마주보라

제인은 나를 정면으로 보면서 서 있었다. 누군가의 측면에 선다는 것은 "당신은 내 관심권의 중심이 아닙니다"라고 말하는 것과 같다.

2. 상대방과 솔직하게 대하라

팔짱을 끼고 다리를 꼬고 앉아 있는 자세는 상대방과 거리를 두고 있으며 가까와지는 것을 원치 않고 있다는 의사를 전달한다. 나는 자기 남편을 받아들이는 방법을 알려고 나를 찾아왔던 화가 난 여인이 상담 도중에 가슴에 양팔을 교차시켜 굳게 잠가 놓고도 전혀 부자유스럽지 않은 듯이 의자에 앉아 있던 모습을 기억한다.

3. 몸을 앞쪽으로 굽히라

상대방을 향하여 당신의 위치를 정하라. 몸이나 머리를 약간 앞으로 기울인 자세는 상대방에게 세심한 관심을 갖고 있음을 나타낸다.

4. 눈으로 접촉하라

눈으로의 접촉은 상대방을 냉혹하게 응시하는 한 극단과, 상대방의 눈 이외의 모든 것을 다 바라보는 또다른 극단을 피할 수 있다. 어떤 연구가들은 눈으로 접촉하는 시간의 길이가 그 사람들의 관계의 친밀도를 측정하는 아주 좋은 척도라고 지적하고 있다. 말하는 사람은 눈으로의 접촉이 불편하면 그것을 중단하기도 한다. 그러므로 듣는 사람은 눈으로의 접촉을 아주 안정감있게 유지해야 한다.

5. 마음의 긴장을 풀라

긴장을 푼다는 것이 말은 쉬워도 행하기 어렵고 또 억지로 되는 일도 아니라는 것이 분명하긴 하지만, 격려자들은 이야기할 때 의식적으로 긴장을 풀어야 할 필요가 있다. 자연스럽고 편안하게 행동하라. 당신이 칭찬해 주고 있는 사람이 앉아 있는 자세와 똑같이 앉음으로써 그 사람을 흉내내지 말라.

이. 다섯 가지의 원칙은 머릿글자만 따서 간단히 SOLER라고 기억해 두면 좋다.

S : 정면으로 마주보라(Squarely face)
O : 솔직하게 대하라(Openly face)
L : 몸을 앞으로 굽히라(Lean forward)
E : 눈으로 접촉하라(Eye contact)
R : 마음의 긴장을 풀라(Relex)

이 외에도 더 좋은 비언어적 대화 방식을 개발하려고 노력한다면 상대방도 그에 상응하는 자세를 보여올 것이다. 우리들 대부분은 말을 할 때 자기가 어떻게 하고 있는지 알지 못한다. 우리는 배우자나 절친한 친구에게 이 SOLER라는 빛으로 우리의 자세를 평가해 달라고 요구할 수도 있을 것이다. 우리는 상대방이 산만하게 느끼거나 곤욕스럽게 생각하는 우리의 습관에 관해 논평을 요청할 수 있는 것이다.

네 가지 언어상의 기술

격려자들은 선한 동기들을 대신하는 것이 아니라 그것들을 적절히 표현하는 데 도움을 줄 네 가지의 기술 혹은 기교를 알고 있어야 한다.

1. 반사(Reflection)

사람은 본래 잘 잊어버리는 존재이다. 때로 우리는 기억하려 했던 것을 잊어버린다("자동차 열쇠를 어디에 두었더라?"). 또 어떤 때는 기억하고 싶지 않은 일들도 잊어버린다("난 그녀가 내게 뭐라고 말했는지 모르겠어."). 후자에는 선별적인 무관심, 무언가 유쾌하지 못한 일은 잊어버리려고 하는 욕구가 포함된다.

　　우리들 대부분은 다른 사람에게 있는 흠집은 주의해서 보면서도 우리 자신에게 있는 오류는 그냥 눈감아 주는 일에 익숙해 있다. 상담을 요청하러 온 남편과 아내들은 상담자가 내버려두는 한, 자신의 배우자가 화가 나서 어떻게 행동했는지를 자세하게 재연해 보이느라고 상담시간의 상당 부분을 소비한다. 그들의 기억력은 다른 사람의 노여운 행동을 회상해 내는 데 그 기능을 아주 잘 발휘하는 것이다.

　　그러나, 궁지에 빠져 있는 사람에게는 기억이 잘 떠올려지지 않는 경우가 많다. 그런 사람에게는 주의력이라는 것이 전혀 없다. 우리가 잘못한 일, 우리의 실제 느낌과 동기들을 자각하고 싶지 않은 일에 대해 선택적으로 무관심하게 되는 것은 당연한 일이다.

　　그래서 때때로 격려자들은 상대방이 진실로 무엇을 느끼고, 무엇을 하고 있으며 무엇을 추구하는지 되비춰 주는 거울이 되어 할 필요가 있다. 문제는 그들이 그 문제를 인정할 때에만 취급되어 질 수 있다. 반사는, 집중을 요하는 것임에도 불구하고 우리의 선별적 기억 체계(우리의 죄악된 본성의 일부에 대한 공상적 명칭)가 자꾸만 무관심하려 드는 문제의 덮개를 벗겨 준다.

　　"반사"라는 것이 어떻게 말하는 사람이 무시하고 있는 현재의 사실을 되비춰 주는지 다음의 두 가지 예가 설명해 줄 것이다.

　　존 : "수우는 결코 제 시간에 오질 않아. 그 때문에 우리는 지난 수

년 동안 교회나 그밖의 장소에 시간을 맞춰 가 본 적이 없어."

빌 : "자넨 정말 그녀를 나무라고 있군. 자네 말은 그녀의 습관이
     자네를 당황하게 만든다는 얘기 같은데."

문제의 초점이 수우의 지각으로부터 존의 당황으로 변화했다는 사
실에 주목하라. 이러한 변동은 결정적이고 중대하다. 존은 자기 아내의
꾸물거리는 행동에 대해 직접적으로 어떤 일을 할 수는 없지만 자기 자
신의 태도는 자기가 다룰 수 있다. 반사시켜 줌으로써 격려하는 것은 더
큰 사랑과 선행이 요구되는 문제를 분명히 드러나게 해준다.

보브 : "학교에 다니는 기간은 정말 지루해. 삼 년을 다녀야만 졸업
      을 할 수 있다니. 영원할 것처럼 보이는 그 세월이 지나면
      그 다음엔 또 뭐지?"

조안 : "네 말은 이 모든 힘든 공부의 목적에 대해 고민하는 말처
      럼 들리는구나."

여기에서도 문제의 초점은 "학교 생활의 지루함"이라는 변화할 수
없는 현실에서부터 "기도와 의논을 통해 해답을 얻을 수 있는" 목표에
관한 문제로 옮겨졌다. 이러한 반사의 말은 상대방의 말에 함축된 의미
를 정확하게 보여 준다. 이는 주의가 요구되는 진정한 문제점을, 말하는
사람에게 되비추어 주는 것이다.

2. 명료화 (Clarification)

효과적인 의사 소통에 있어서 가장 큰 방해물은 다른 사람이 무엇을 말
하고 있는 건지 알지도 못하면서 알고 있다고 생각하려는 경향일 것이다.
언어는 다면체의 보석과 같다. 보석을 빛 아래서 돌려 보면 색깔이 변하
는 것처럼, 우리가 누군가의 말을 다른 각도로 생각해 보면 곧 그 말이
주는 의미의 새로운 면이 뚜렷하게 나타난다.

상대방의 말을 명료화하는 기술은, 그 말의 진정한 의미에 도달할
수 있을 만큼 여러 각도에서 우리가 그 말을 연구했는지의 여부를 판단
하는 데 필요하다. 그 실제적인 기교는 어리둥절해질 만큼 간단한 데 비
해 실상은 잘 쓰이지 않고 있다. 우리에게 요구되는 것은 말하는 사람이

무엇을 의미하는지 물어볼 것, 혹은 당신이 생각하고 있는 상대방 말의 의미를 되물을 것, 그리고 내 말의 의미를 이해했느냐고 묻는 것이 전부이다. 요점은 추측하지 말라는 것, 즉 내가 상대방의 말의 의미를 정확히 이해했는지를 점검하라는 것이다.

> 토니 : "이 납세 신고서가 골치야, 나를 얼빠지게 만들고 있어."
> 샐리 : "무슨 일인데요, 여보 ?"

샐리는 토니가 한 말의 의미를 명료화하고 있다. 그렇게 해야 그 이상의 대화가 가능해진다. 만일 샐리가 더 대화할 수 있는 문을 닫기를 원했다면 그녀는 "4월달까지 보류하세요. 그 전까지는 해결할 수 있겠죠"나, 그보다는 좀 부드럽게 "난 당신이 잘 처리할 수 있을 것으로 믿어요" 등과 같이 말로 남편의 말을 명료화하는 질문을 대체할 수도 있었을 것이다.

상대방의 말을 명료화하는 것은 말하는 사람으로 하여금 그 사람의 내면에서 무슨 일이 일어나고 있는지, 그것이 어떤 중요성을 지닌 일인지를 더 분명하게 말할 수 있게 한다. 일단 문제점을 예리하게 이해하면 처방책은 쉽게 발견된다. 격려의 궁극적인 목표는 그리스도와 동행할 수 있도록 사람들을 감동시키는 것이다. 문제를 명료화하는 것은 문제를 성경적으로 해결하는 일을 더욱 용이하게 해준다.

3. 문제의 탐사 (Exploring)

문제를 반사하고 명료화함으로써 대화의 문은 열린다. 하지만 우리가 격려해 주고자 하는 사람들은 때때로 우리가 열어 놓은 문에서 정중하게 뒤로 물러서는 경우도 있다. 또 어떤 이들은 자신이 느끼는 것이나 생각하는 것을 조금 더 털어놓음으로써 그 문을 통해 들어오기도 한다.

누군가가 자기 마음 속에서 일어나고 있는 일을 자진해서 더 의논하고자 할 때, 격려자는 문제를 좀더 상세하게 탐구할 기회를 은밀히 포착할 수 있다. 그 문제는 아마도 성경에 근거한 주의력을 요구할 것이다. "예, 아니오"를 묻는 질문보다 개방식의 질문이 그러한 탐구가 더 잘 진행될 수 있게 해준다. 예를 들어, "그 때 당신의 기분이 어땠든지 말해 주십시오"라는 말이 "당신은 정말 미칠 지경이었읍니까 ?"라는 질문보다 더 면밀한 질문이다.

앞에서 보았던 예화로 되돌아가 보자.

> 존 : "수우는 결코 제 시간에 오는 법이 없어. 그 때문에 우리는 지난 수 년 동안 교회나 그밖의 장소에 시간을 맞춰 가본 적이 없어."
>
> 빌 : "자넨 정말 그녀를 나무라고 있군. 자네 말은 그녀의 습관이 자네를 당황케 만든다는 얘기 같은데." (반사)
>
> 존 : "맞아, 정말 그래. 때때로 난 정말 미칠 지경이야"
>
> 빌 : "자네가 미칠 지경이란 걸 그녀에게 어떻게 알리나? 자넨 어떻게 하지?" (명료화)
>
> 존 : "오, 난 아내를 공박하지는 않아. 자넨 그렇게 생각하는지 몰라도 말야. 잠깐 성을 내거나 아예 입을 다물어 버릴 뿐이지."
>
> 빌 : "자네가 그렇게 아예 후퇴해 버리거나 그녀에게 고함을 치면 어떤 일이 벌어지지? 자네가 왜 화를 내는지 자네 처가 알아차리는지 모르겠군?" (탐사)

빌은 현재 탐사 중이다. 그는 존의 행동이 수우에게 미칠 영향을 좀더 충분히 고려해 보도록 존에게 권유하고 있다. 존은 어떻게 자신의 화를 처리하는지를 인정함으로써 빌의 열린 문을 지나갔다. 이는 존의 동기와 행동을 좀더 상세하게 논의하기 위해 마련된 장면이다. 이 과정을 거쳐서 존은 자신의 잘못을 자각하고 뉘우치며 처방을 얻기에 이를 것이다.

탐사하는 것은 격려하는 과정의 중심이다. 오늘날에는 많은 그리스도인들이 영적인 자기 성찰의 기능을 상실했다. 우리가 현재 무엇을 하는가의 문제와, 또한 왜 그것을 하는가의 문제는 모든 그리스도인에게 있어 절박한 관심사여야 한다. 무책임한 행동의 배후에 있는 그릇된 동기들이 빛 아래 드러날 때에만 그것들을 교정할 수 있다. 탐사는 영적 성장을 방해하는 숨겨진 문제들을 밝혀 나가려는 노력이다.

4. 친밀한 상호작용 (Intimate interaction)

반사, 명료화, 탐사를 실행한 후까지도 대화가 편치 않을 경우가 있다.

우리가 격려해 주고자 하는 사람은 벌거벗었다는 느낌으로 수치스러워
하며 아담처럼 가장 가까운 은신처를 찾고 있을 수도 있는 것이다.

이렇게 상황이 일방적으로 진행되면 격려자도 역시 당혹감을 느낄
수밖에 없다. 이럴 때는 양편 모두 좀더 편안한 거리로 물러나서 겸손하
게 자신들의 꺼풀을 벗어버리기로 암암리에 의견의 일치를 볼 수도 있다.
"그건 그렇고, 어젯밤에 배구 게임 중계를 보셨읍니까 ?" 혹은 "네, 인
생엔 고통이 따르기 마련이죠. 그러나 천국은 즐거운 곳임이 분명해요.
난 준비가 되어 있답니다"와 같은 말로 분위기를 바꿔 보는 것이다.

누군가가 당신의 반사에 대응했을 때, 자신의 말이 진정 무엇을 의
미하는지 자진해서 명료하게 밝혀 주었을 때, 당신이 고통스러운 상황 속
으로 좀더 깊숙이 들어와 탐사하는 것을 그가 허락했을 때, 그 때는 현
재 진전중인 친밀한 관계를 거침없이 이용할 때이다. 값진 격려를 줄 수
있는 기회가 그대로 지나쳐 버려서는 안 된다. 담대하라. 현재의 상황을
말로 옮기라.

> "존, 우린 지극히 개인적인 일에 관해 이야기하고 있는 중이지. 자
> 네가 털어놓은 문제는 충분히 생각해 보아야 할 아주 중요한 일처
> 럼 들리는군. 자네에게 한 다발의 해결책을 쏟아부어 주고 싶지만,
> 내겐 그런 해결책이 없군 그래. 하지만 난 자네 문제에 관해 수우
> 와 함께 계속 이야기했으면 해. 물론 내 방식을 갖고 자네의 개인
> 생활에 뛰어들기는 정말 원치 않아. 하지만 자네와 함께 소상히 이
> 야기하는 것이 정말 즐겁군."

이 두 사람의 교제는 지금 꺼풀 밑에 있는 핵심에 이르렀다. 친절
하고 주의력있게 경청하는 것, 조심스럽게 충고를 주는 것, 인내를 가지
고 받아들여 주는 것, 단호하면서도 부드럽게 꾸짖는 것, 이 모든 방법
을 이용하여 지금 격려자는 자신의 사랑으로부터 상대방의 두려움에게
이야기하고 있다.

격려의 과정에 도움이 되는 다음 단계는 문제의 핵심을 분별하고
성경적 처방책을 제시하는 것으로서 격려의 범위를 넘어선 기술이 요구
되는 일이다. 다음 장은 격려 이상의 것을 필요로 하는 문제를 취급하는,

정도가 더욱 깊은 상담에 초점을 맞추고 있다.

요 약

비언어적 의사 표시는 격려자가 상대방에게 깊은 관심을 갖고 있다는 것을 일관성있게, 그리고 명백하게 나타내야 한다. 머릿글자 SOLER가 적극적인 비언어적 의사를 전달해 주는 데 도움이 될 것이다.

　　　정면으로 마주보라(Squarely face)
　　　솔직하게 대하라(Openly face)
　　　몸을 앞쪽으로 굽히라(Lean foward)
　　　눈으로 접촉하라(Eye contact)
　　　마음의 긴장을 풀라(Relax)

　　우리는 언어상의 기교로써 상대방의 진정한 생각과 동기가 우호적 관계라는 배경 내에 노출될 때까지 더욱 깊이 들을 수 있는 대화의 문을 열어야 한다. 거부하지 않고 상대방의 문제를 노출시키는 것, 이것이 격려의 정의이다. 이런 측면에서 우리가 충분히 익혀야 할 네 가지의 중요한 기교가 있다. 그것은 상대방의 말을 반사하고, 명료화하며, 탐사하는 것, 그리고 친밀한 상호작용을 가지라는 것이다.

14

지교회 :
원상 복구시키는 공동체

모 양이 손상된 어떤 물건을 원상태로 회복시키는 일은 언제나 만족
스런 성취감을 느끼게 해준다. 닳고, 이리 저리 긁힌 의자를 수선
한다든가 몹시 더러워진 차를 세차한다든가, 어질러진 차고를 정돈한다
든가 하는 일은 어느 정도의 기쁨을 가져다 주는, 원상 복구를 위한 노
력의 간단한 예들이다. 기쁨은 원상 복구하는 일 자체에서보다는 그런 과
제에 참여한다는 의식에서 더 많이 느낄 수 있다는 점에 주목해야 한다.
일 자체는 무익할 수도 있고 지루하고 어려울 수도 있다. 그러나, 추한
모습에서 보기 좋은 모습으로 회복된 무언가를 바라보는 성취감, 당신이
그 복구 작업에 참여했음을 실감하는 성취감은 일한 것 만큼의 값어치가
있다.

교회는 모든 남자와 여자들이 보다 높은 수준의 영적 성숙과 그리
스도를 닮은 성품을 지향하도록 도와 줌으로써 원상 회복의 과정에 극히
중대하게 관여하게끔 되어 있다. 하지만, 그것은 어려운 일이다. 죄가 우
리의 삶을 철저히 파괴시켰기 때문에 원상을 회복하는 일은 어렵다. 사
람들은 내외적으로 철저하게 원상태로 회복되어야 할 필요가 있다. 인간
의 성품 어느 부분도 죄악의 더러운 흔적이 닿지 않은 채로 남아있는 부
분이 없다. 행동 동기, 감정, 사고, 선택, 행실, 신념, 열망 등, 인간 생
활의 모든 국면이 다 죄로 얼룩져 있다.

예수 그리스도는 그분의 타락한 피조물을 원래 그들의 광휘에로 회
복시키시기 위해 오셨다. 그리고 그분은 자신의 일을 완전하게 행하신다.
적극적인 사고 방식을 통해 훌륭한 심성(心性)을 조장하고 자부심을 세
우는 데 중점을 두는 교회는 단순히 외적인 통일성만을 고무시킨다. 즉,
사람들은 좋아보이고 미소를 잃지 않으며 교회에도 잘 출석하고 결혼 생

활도 잘 유지해 나가는 등의 모습이다. 그러나 이것만으로는 충분치 않다. 하나님께서는 그분께 절대적으로 헌신한 사람, 그분께 예배하는 것을 주요한 특권과 책임으로 생각하는 사람을 원하신다. 그리고 하나님을 앎으로써 생기는 넘쳐 흐르는 충만감을 갖고 그분을 즐거이 섬기는 생을 살고자 하는, 그러한 사람을 원하신다.

본질적으로 자기 중심적이고 믿지 않으며 두려워하는 사람이 철저히 그리스도 중심적이고 믿어 의심치 않으며 담대한 사람이 되게끔 도와주는 것이 원상 회복의 일이다. 하나님은 가정과 교회를 원상을 회복하는 일에 있어 그분의 주요한 대행자로 위임하셨다. 남편과 아내는 자신들이 관계를 맺는 방식-사랑과 능력으로써 인도하는 남편, 신뢰와 만족으로써 복종하는 아내-에서 교회와 그리스도의 관계를 분명히 나타내야 한다. 부모들은 자녀들에게 하나님의 진리를 가르쳐야 하고 그것을 어기지 않도록, 그리고 무엇보다도 어떤 일이 있어도 그것을 사랑하도록 훈육시켜야 한다. 자녀들은 권위를 인정해야 하고 권위에 자발적으로 복종하는 데 따르는 유익과 기쁨이 무엇인지 배워야 한다. 이것이 가정 내에서 원상을 회복하는 일의 지침들이다.

그러나, 교회에 관해서는 어떤가? 각 지교회에 모인 신자들은 어떻게 그리스도와 같은 성품을 회복하는 일에 접근해야 할까? 그들은 어떤 방법으로 지혜를 성숙시키고 죄를 자각하고 옳은 일을 행할 단호한 결단력을 키워 나갈 수 있을까?

이 마지막 장에서 나는 우리의 교회들을 효과적으로 원상을 회복시키는 공통체로, 또한 하나님과의 관계의 실재가 확고하며 삶을 변화시키는 충격으로 느껴지는 곳으로 계발시키기 위한 계획(시험되고 증명된 공식이 아닌)을 대강 스케치해 보고자 한다.

내가 제시하는 모범은 이미 올바른 방향으로 움직이고 있는 교회 내에서만 작용할 수 있다. 지교회들은 (1) 예배의 중요성과 가치를, (2) 하나님 말씀의 가르침을, (3) 제자로서의 신분이 지닌 근본적인 본질을, 그리고 (4) 그리스도인 간의 교제의 중요성과 독특성을 강조해야 한다. 하나님을 위한 봉사(service for God)를 하나님께 대한 예배(worship of God)보다 우위에 두는 교회가 너무 많다. 그런 경우, 벌이는 일들은 그

규모가 크다 해도 결과는 아주 얄팍하다.

　　어떤 교회는 말씀 가르치는 시간을 성경과 관련된 토론 시간으로 대체하는 교회도 있다. 그런 시간은 사람들의 흥미를 끌고 사람들을 분발시키며 그들로 하여금 도전하게 만들기 위한 의도로 계획된 시간이기가 십상이다. 제자 훈련을 위한 교수 내용은 절대 복종이라는 희생에 대해서는 전혀 무관심한 채, 하라와 하지 말라 식의 승인된 활동과 승인받지 못한 활동 목록으로 격하된 경우도 있다. 신자들 간의 교제는 어둠의 자녀들도 쉽게 나눌 수 있는 그런 대화에 집착하면서 명목만 그리스도인의 교제라 하고 있는 경우도 많다.

　　교회는 예배와 가르침과 제자됨과 교제에의 필요성을 명확하게 인식함으로써 출발해야 한다. 이를 강조해야 자연스럽게 복음주의에 이를 수 있고 영적 은사들을 행사할 수 있다. 예배와, 제자된 도리에 대한 가르침과 교제를 우선적으로 강조하지 않는다면, 복음주의 프로그램을 개발하려 애쓰고 받은 은사에 따라 봉사하라고 격려한다 해도, 그러한 노력의 최대한의 효과를 거둘 수가 없을 것이다. 예배와 가르침과 제자의 도리와 교제의 중요성이 강조되어야 복음주의는 뜨거워질 것이며 사역들은 효과적이 될 것이다.

　　나는 이렇게 사람들을 회복시키는 일에 이미 효과적으로 착수한 교회에 모델을 소개시켜 주고자 한다. 교회가 좀더 효율적인 원상 복구 공동체가 되는 데 도움이 될 제안을 주고 싶은 것이 내 욕심이다. 내가 제시하고 있는 모델은 상담(counseling)이라는 일에 동참하는 것이 지교회의 일상적 임무가 되게 하기 위한 전략을 제공해 준다.

　　상담을 교회의 당연한 임무 중의 하나로 간주해야 한다는 것이 내 견해이다. 전문적인 훈련을 받은 그리스도인 상담자를 고용하고, 교회 건물이나 부속 건물 내에 사무실 공간을 그에게 제공해 주라는 것이 내가 말한 "교회의 일부로서의 상담"의 의미는 아니다. 참으로 성경적인 상담자가 교회에 고용된다면 더 좋은 열매가 맺힐 것이라고는 생각한다. 그러나, 상담을 요하는 문제들을 전문적으로 취급하는 사람을 교회에서 고용해야 한다고 생각하는 것은 심각한 실수이다.

　　상담이란 치과술이나 의술과 같은 종류의 직업이 아니다. 상담은

임의적인 교회 프로그램이나 그 프로그램에서 분리된 것, 혹은 그 프로그램의 외적인 부속물로 보아서는 안 된다. 상담이라는 일은 오히려 교회 생활의 주류의 본질적인 (반드시 중심인 것이 아니라) 부분으로 간주되어야 한다. 상담이 심리학자나 정신병 의사에게나 속한 전문적 활동이라는 생각은 버려야 한다. 이제부터 상담은 그리스도인들을 성숙시키고, 불신자들로 하여금 복음을 듣게 하는 또 하나의 수단을 제공해 주는 일이라고 생각해야 한다.

내가 주장하는 것처럼, 상담이란 근본적으로 "성경의 진리를 각 개인의 삶에 기술적으로 응용하는 일"이라 한다면, 그것은 분명 교회에 속한 일이다. 교회 안에서 상담이 행해지는 것을 보고 싶은 나의 욕구는 교회 생활의 초점을 예배와 가르침, 제자 훈련, 교제 들로부터 이동시키려는 욕구를 반영하는 것이 아니다. 교회 생활의 초점을 이러한 본질적인 요소로부터 상담 사역으로 이동시키는 교회는 일종의 이름 없는 신경증 환자 협회 (Neurotics Anonymous Association) 가 되기 쉬울 것이다.

그러나, 근본적인 것에는 강하면서도 개인의 필요를 채워 주는 일에 있어 상담이라는 자원을 무시하는 교회는 메마르고 진부한 교회, 어쩌면 신학적인 면에서, 진리가 인간의 필요에 적절한 것이라는 점이 불분명해질 정도로 불안정한 교회가 될 수 있다.

그러므로 교회의 지도자들은 (1) 회중이 참된 예배를 드리고 성경을 배우고, 개인적인 영적 성숙의 문제에 관심을 갖고 있으며, 교제를 나누고 있는지 (2) 복음 전파를 위해 더욱 노력하며 받은 은사를 교회 내에서 사용하는 일에 자원과 기회가 쓰여지고 있는지 (3) 상담이라는 일의 잠재적 능력이 주의깊게 연구되었는지를 확인해야 할 필요가 있다. 교회가 사람들을 효과적으로 원상 복구시키는 공동체가 되는 것을 도와줄 목적으로 상담을 지교회의 당연한 임무 속에 도입시키려는 것이 나의 바램이다. 어떻게 그렇게 될 수 있을까? 세 가지 표준의 모델을 고려해 보자.

상담 표준 1 : 격려

하나님께 예배하고 성경을 연구하며 제자 훈련을 시키거나 받고 있으며,
서로간의 교제를 즐기고 있는 그리스도인은 영향력 있는 격려자가 될 수
있다. 격려한다는 것은 소수의 사람에게만 주어진 책임이 아니다. 그것
은 모든 신자의 특권이다. 그리스도인은 모두 격려자가 될 수 있으며, 또
되어야 한다.

　　　이혼, 배우자의 부정, 혹은 세상과의 타협 등과 같은 심각한 난
제들로 발전될 가능성이 있는 많은 문제들이 때로는 격려하는 사람의 관
심과 배려를 통해 초기 단계에서 해결된다. 개인적으로 광범위한 상담이
요구될 듯하던 갈등들도 뜻있게 격려해 주는 사람만 있다면 그렇게 심각
하게 되지 않는 경우도 많다. 만일 교회의 지도자들이 교회 내에 상담부
(部)를 세우고자 한다면, 그들은 무엇보다도 회중들이 도움을 받을 수
있는 많은 상담자들을 만들어 내야 한다는 견지에서 일을 생각하지 않아
야 한다. 그보다는 교인들에게 격려한다는 일을 통해 그들이 무엇을 할
수 있는지를 경계시켜야 하며, 그런 다음에 그들에게 그 일을 훈련시켜
야 한다.

　　　꺼풀을 뚫고 대화의 문을 열며 다른 사람의 두려움을 축소시키는
방향으로 말하는 방법을 온 교회가 다 배울 수 있었다고 가정해 보라. 목
회자는 신약성경의 "서로"(one another) 라는 말로 명령된 주제에 관해 1
년 동안 연속된 설교를 할 수 있을 것이다. 때때로 있는 토요일 아침의
연수회나 주일 저녁 예배는 문을 열어 주고 두려움을 줄여 주는 대화의
시범을 보여 주는 시간으로 삼을 수도 있을 것이다. 소규모의 성경 공부
모임은 격려에 관해 이야기하고 대화를 나눌 자연스런 기회를 제공하여
그 모임의 구성원들에게 격려가 되게 할 수도 있을 것이다.

　　　본 책과 동일한 주제를 다루고 있는 다른 책들이 주일학교 반이나
연구 모임들(study groups)을 위한 안내서로 이용될 수도 있을 것이다*
(본 책의 내용을 다루고 있는 13시간 반 동안의 연속 강의가 비디오 테

---

* Gary Collins, 『The People Helper Groutbbook』 (Vision House, 1976)
　　Paul Welter. 『How to Help a Friend』 (Tyndale, 1978).

이프에 녹화되어 있으며 대출도 가능하다). 격려하는 일에 특별한 관심을 가진 성도들은 그리스도인들이 서로를 효과적으로 격려하는 일을 도와 줄 다른 기재들이나 전략들을 개발할 수 있을 것이다.

교회는 격려의 중요성과 격려의 방법만을 강조해서는 안 되고 친밀한 소속감을 느끼게 해줄, 명랑하고 유쾌한 교제의 기회도 제공해야 한다. 상당히 많은 교회들이 시간을 함께 보내는 것, 부담을 주지 않는 회의 진행, 남의 아픈 곳을 건드리는 그룹 고백(group confessions)으로 흐르는 반면, 푼돈을 모아 소박한 식탁을 꾸미고 재미있는 이야기들로 밤을 지새우는 방법으로부터 멀어지는 경향을 띠고 있다. 우리는 사람들이 건전한 재미를 순수하게 누릴 수 있는 분위기, 모든 그리스도인들을 "심각한" 경우로 집중하게 만들지 않는 분위기를 창조해야 할 필요가 있다.

만일 한 교회가 사랑을 격려하는 공동체가 되려는 비젼(vision)을 갖고, 격려라는 목적을 위해 서로의 삶에 자기 자신을 연관시키도록 그 교회에 속한 사람들을 준비시킨다면, 아마도 하나님의 말씀의 진리는 더욱 비옥한 토양을 발견하여 뿌리를 내리게 될 것이다.

그렇다면 우리가 경계해야 할 것이 있다. 교회가 그런 비젼을 가지게 되면 비현실적인 기대를 낳는 열광에 빠질 수도 있다는 큰 위협이 있는 것이다. 불행한 사실은, 격려하려는 시도조차 하지 않는 사람도 있다는 것이다. 남의 일에 참견하기 좋아하고 몰래 남의 대화 장소에 숨어 들어가서는 안에서 무언가 날카로운 소리가 나기를 기대하는 골칫덩어리의 사람들도 있을 것이다. 어떤 사람은 남을 격려해 주려는 의도로 성실하게 말을 하지만 자기 자신의 인생 문제는 잘못 취급하는 사람도 있을 것이다. 결국, 격려하는 일을 향한 그들의 열성은 식어버리고 말 것이다.

몇몇 사람은 격려가 무엇인지를 정말 이해하기도 할 것이다. 몸된 교회 내에서 격려가 진전되는 속도는 아마도 눈으로 보기가 어려울 정도로 더딜 것이다. 그러나, 곤고할 때에도 선행에 충실한 자는 보상을 받을 것이다. 그리스도인의 삶은 탄력 있는 트랙 위에서의 단거리 경주가 아니다. 그것은 거친 지형 위를 달리는 마라톤 경주이다. 속도를 내기 위한 초반부의 외침("격려에 관한 세미나를 가집시다!")은 승리하는 데 있어 안정되고 지구력 있는 속도를 유지하는 일보다 더 중요하지는 않다. 우리는 교회 생활 속에 격려하는 일을 일상화시키려고 노력하는 중에 결코 상심 (喪心) 해서는 안 된다.

상담 표준 2 : 권면

교회 내의 한 임무로서 상담의 잠재적 능력을 실감하고자 한다면 우리는 격려함으로써 상담하는 단계를 넘어서야 한다. 격려는 필수적인 발단부이긴 하지만 포괄적이고 충분한 강조점은 아니므로, 그 이상의 것이 요구되는 것이다.

　　격려에 관심있는 소수의 사람 (교인 수가 100명이라면 75명에 비해 1명 정도) 은 사람들이 분명한 문제점을 해결하는 데 도움이 될 만한 좀더 자세한 전략을 배울 필요가 있다. 의사 소통에 어려움이 있거나 성적으로 긴장 상태에 있는 부부, 아이들을 다루는 일에 갈피를 못잡고 있는 부모, 결혼을 고려하고 있는 젊은이들, 아무런 뚜렷한 이유도 없이 우울에 빠진 중년의 남자들, 이 모두가 성경의 직접적 조언에 의해 문제의 해결책을 찾을 수 있는 사람들의 예이다.

　　격려하는 일에 특별한 관심을 보였던 소수의 그리스도인들은 사람을 도와 주려는 그들의 노력을 논의하기 위한 모임에 초대될 수 있을 것이다. 자신의 체험담을 서로 이야기함에 따라 그들의 토론은 곤란당하는 사람과 함께 하려는 그들의 꿈 (vision) 을 더욱 크게 해주는 방향으로 흘러갈 것이다. 가상적인 경우와 실제적인 경우와의 차이가 비교 평가될 것이다. 문제의 배후에는 무엇이 있는가? 성경은 거기에 대해 뭐라고 말하고 있는가? 어떤 해결책이 적용될 수 있는가? 모임에 참석한 이들은 성경이 제시하는 해결책을 적용시키기 위한 언어상의 전략을 생각해 보기 위해, 문제를 지닌 사람과 상담자 간의 대화를 역할극으로 연출해 볼 수도 있을 것이다.

　　10명을 뽑아서 훈련 과정을 거치게 하고, 그 다음에 회중들이 이용할 수 있도록 그들을 상담자로 내세우는 것이 우리가 일반적으로 저지르는 실수이다. 그보다 현명한 코오스는 격려의 중요성을 계속 강조하면서, 사람을 격려하는 일을 쉽게 실연해 보인 사람들을 위해 특별히 시간을 마련하고, 그들을 훈련시킨 다음, 매일매일 상호 교제하는 가운데 자연스럽게 기회를 잡아 그들 나름대로 상담을 해 나갈 수 있도록 놓아 두는 것이다.

1년이나 2년이 지나면, 하나님께서 상담이라는 일에 헌신할 수 있도록 특별한 은총을 부여해 주신 인물이 표면에 부상될 것이다. 만일 그 때 자신의 능력을 입증하여 이렇게 표면에 떠오르는 상담자들의 능력을 증대시켜 주는 것이 유익하리라고 판단된다면, 그 때는 좀더 형식을 갖춘 상담 교육을 실시할 수 있을 것이다.

실제적인 도움을 제공해 줄 수 있는 서적과 상담 요원 양성 세미나가 날로 증가하고 있어서, 표준 2정도의 상담자가 되려고 하는 사람들은 그런 것을 이용할 수 있다. 제이 아담스(Jay Adams) 박사는 이들에게 도움이 될 만한 많은 양의 자료들을 저술했고, 직접 혹은 녹음된 내용으로 세미나를 개최하고 있다. 상담 요원 양성 프로그램에 관한 골격 작업으로서 내가 저술한 교재를 사용하는 교회도 늘어나고 있다.* 성경에 의한 상담 협회(The Institute of Biblical Counseling : IBC)는 특별히 표준 2정도의 상담자들을 위해 마련된 순회 세미나를 국내의 여러 지방에서 총 35시간 동안 개최하였다.

이러한 훈련 과정은 불평 뒤에 있는 핵심 문제가 무엇인지 분별할 능력을, 그리고 실제적이고도 실현 가능한 성경적 처방책을 제시할 능력을 키워 주는 데 적합하다. 그런데 또 하나 경계해야 할 것이 있다. 표준 2의 상담 임무를 맡은 매 10인당 6~7명은 중도에서 그만두거나 그 일에 적합치 않음이 판명되는 것이다. 그러므로 견디내고 있는 사람과 긴밀하게 함께 일하는 것, 유일하게 그 임무를 해내게 될 것으로 보이는 또다른 사람에게 방심하지 않고 있는 것이 중요하다.

표준 2의 상담자들은 자신의 일을 반드시 자신의 배타적인 임무로 볼 것이 아니라 자신의 보다 중요한 어떤 임무로 보아야 한다. 누군가의 특별한 문제에 관계가 있는 성경상의 진리를 제시하려는 노력이 좌절될 때도 있을 것이다. 그러나, 상담의 가치는 "상태가 호전된 사람의 비율이 얼마나 되는가"라는 견지에서 측정되어서는 안 된다. 그보다는 상처

---

* 『Basic Principles of Biblical Counseling』

　『Effective Biblical Counseling』

받고 있는 사람에게 성경적 통찰과 전망을 전달해 주는 기회를 가졌느냐의 견지에서 측정되어야 한다. 이 일은, 때때로 실망하게 만들기도 하지만, 우리가 헌신한 가장 우선권을 지닌 일로 간주되어야 할 것이다.

상담 표준 3 : 교화

위에 진술된 제안에는 뜻하지 않은 장애가 분명히 있다. 우리는 표준 1과 표준 2의 상담 요원 양성 방법이 바람 직하고 잠재적으로 아주 가치 있다는 사실에는 동의할 수 있다. 하지만 누가 그 훈련을 시킬 것인가? 세미나에 참석하고, 서적을 읽고, 녹음 테이프를 듣는 과정은 훌륭한 학습 보조물이다. 하지만 손에 닿을 수 있는, 살아있는 교사가 아직 결핍되어 있다.

대부분의 목회자들은 이미 과중한 책무들을 맡고 있어서 프로그램을 번성시키는 데 필요한 시간을 낼 수가 없다. 그리고 다른 사람을 효과적으로 훈련시킬 수 있을 만큼 상담에 대해 전문 지식을 갖고 있는 목회자는 극소수라는 사실을 알아야 한다.

모든 회중은 상담을 주업으로 생각하는 사람, 상담 표준 1, 2 과정에 있는 사람들을 훈련시킬 수 있을 만한 지식과 경험을 갖춘 사람(아니면 적어도 그에 근접한 사람)을 필요로 한다. 또한 이 사람은 격려나 권면으로는 해결이 안 되는, 좀더 복잡한 개인적 분규들을 다룰 만한 능력이 있는 사람이라야 한다. 그 사람에게는 두려움에 찬 사람들이 자신의 두려움을 줄일 수 있는 방법이라고 소중하게 여기고 있는 것 중에도 실상 그릇된 것들을 밝혀 낼 수 있는 분별력과 지혜 또한 요구된다. 이 사람의 일은 격려하고 권면하는 일을 넘어서 교화까지도 포함할 것이다. 이런 사람을 표준 3 의 상담자라고 부르자.

표준 3 의 상담 훈련을 받을 수 있는 기회들이 각종의 신학교 내에 있다. 몇몇 신학교는 상담 부문 석사 과정 수준을 개설하고 있기도 하다. 그러나, 훈련 프로그램의 몇 가지 예에서 보면, 가벼운 문제는 목회자의 상담이 적당하며, 좀더 심각한 문제는 심리요법이 요구된다고 주장하고 있다. 내 생각으로는, 목회자의 상담은 대충 표준 2 의 상담과 맞먹는다고 생각된다. 내가 느끼는 바에 의하면, 표준 3 의 상담은 비의학적 심리요법을 대신할 수 있다고 생각된다.

　　석사 수준의 강도높은 훈련은 표준 3의 상담자를 만들어 내기에 충분하다는 확신 하에, 인디아나의 윈오너 래이크(Winona Lake)에 있는 그레이스 신학교에서는 성경적 상담학 분야의 문학 석사 학위를 수여한 바 있다. 표준 3의 상담 책임을 맡을 수 있도록 사람들을 훈련시키는 것이 우리의 의도이다. 그 책임은 다음의 사실들을 포함한다.

－지교회의 상담 사역을 위해서는 개념적인 것 그리고 실행적인 것
　일체를 포함한 방향 지시를 할 것
－표준 1(격려)의 상담자들을 위한 연수회와 반을 조직하고 이끌
　것
－표준 2의 상담(권면)을 위해 선별된 사람들을 훈련시킬 것
－보다 힘든 사례(case)를 위한 상담 책임을 맡을 것

　　여기 제안된 세 가지 표준의 상담 모델은 (1) 사람들의 숨겨진 두려움에 대해 민감하게 말함으로써 격려하는 것, (2) 사람들의 생활 속의 문제에 대한 성경적 해결책을 자세히 일러줌으로써 그들을 권면하는 것, (3) 왜 그들의 삶이 무질서해졌으며 삶에 접근하는 방법에 어떻게 변화를 가져올 수 있는지 이해할 수 있도록 사람들을 일깨워 주는 것이다.

　　이 모델은 대강 윤곽을 그리기는 쉽지만 이행하기는 어렵다. 문제는 여러 영역에서 발생할 수 있다. 타인을 격려하도록 사람들을 계속 부추기는 것과, 표준 2의 상담자들을 적절하게 훈련시키고 관리하는 것은 두려운 일이다. 가르치고, 조직하고, 관리하며 또한 충고할 수 있는 표준 3의 상담자를 찾아내는 일 또한 문제다. 교회의 다른 활동과 경쟁적이 아니라 그것을 보충해 주는 상담 사역을 발전시켜 나가는 것, 성경에 충실한 상담이라는 입장을 명백히 하면서 교회의 지도층과 나란히 이어지는 것이 주된 문제이다. 이러한 장애물들과 또 그밖의 것들이 상담을 교회 내의 의미있는 임무로 개발시켜 나가는 길에 정면으로 가로막고 서 있다. 하지만 그것은 뛰어넘어야 할 것들이다.

　　훌륭한 출발점은 격려에 초점을 맞춘 지점이다. 사람들은 상처받

고 있다. 두려움이 그들 마음 깊은 곳에 자리잡고 있는 것이다. 우리는
위장하고, 숨기고, 가면을 쓰고, 우리 둘레에 유쾌한 꺼풀들을 가지런히
세워놓고, 그렇게 함으로써 교제에 있어서의 생명력을 희생시킨다. 서로
간에 유지하고 있는 거리는 상처로부터 우리를 보호해 주지만 그것은 격
려의 말이 상대방에게 전해 지는 것까지 막는다.

오직 사랑만이 두려움을 다룰 수 있다. 그리고 우리의 두려움을
완전히 가라앉혀 주는 유일한 사랑은 하나님의 온전한 사랑이다. 사랑이
우리의 꺼풀을 뚫고 들어올 때, 그리스도의 보혈로 말미암아 우리가 무
조건적으로 받아들여진다는 전율케 하는 사실을 깨달을 때, 우리의 두려
움은 주님을 따르려는 욕구에게 길을 내어 줄 것이다.

오직 하나님만이 완전하게 사랑하시긴 하지만 우리도 사랑의 임무
를 나누어 가질 수는 있다. 만일 우리가 …

  …다른 사람에게 봉사하는 것을 우리의 목표로 삼는다면
  …우리의 상처와 두려움을 갖고 주님을 의지한다면
  …사랑하는 일에 헌신하기로 한 우리의 다짐에 위배되지 않는 방
    법으로 그러한 감정들만을 표현한다면
  …사람들이 말하는 것을 성실하게 듣는다면
  …고통을 더 함께 나눌 수 있도록 대화의 문을 엶으로써 사람들에
    게 대응한다면
  …그리스도 안에서의 안전감과 중요성을 다른 사람들이 쉽게 깨달
    도록 도와 주는 말을 하는 법을 배운다면 …

우리의 말은 사람들의 삶에서 커다란 힘을 가질 수 있다.

문제의 요점은 하나님께서 그리스도를 위해 우리를 받아들이신 것
처럼 우리도 다른 사람을 받아들여야 한다는 것이다. 그것이 표준 1 의
상담이고 격려하는 일이며, 우리의 교회를 인간을 원상 복구시키는 공동
체로 강화시키려는 노력의 훌륭한 출발점이다.

"서로 돌아보아 사랑과 선행을 격려하며 모이기를 폐하는 어떤 사
람들의 습관과 같이 하지 말고 오직 권하여 그 날이 가까움을 볼수록 더
욱 그리하자"(히브리서 10 : 24 - 25).

망망한 바다 한가운데서 배 한척이
침몰하게 되었습니다.
모두들 구명 보우트에 옮겨 탔지만
한 사람이 보이지 않았습니다.
절박한 표정으로 안절부절하던 성난 무리 앞에
급히 달려 나온 그 선원이
꼭 쥐고 있던 손바닥을 펴 보이며 말했습니다.
"모두들 나침반을 잊고 나왔기에 … "
분명, 나침반이 없었다면 그들은 끝없이 바다 위를
표류할 수 밖에 없을 것입니다.

삶의 바다를 항해하는 모든 이들을 위하여
우리는 그 나침반의 역할을 하고 싶습니다.
우리를 구원하신 아름다운 주님을
21세기 문명의 이기(利器)를 통하여
널리 전하고 싶습니다.

우리 나침반 가족은
구원의 복음과 진리의 말씀을 전하며
당신의 믿음 성장과 삶을, 가정을, 증거를,
그리고 당신의 세계를 돕고 싶습니다.

그리스도 안에서
우리는 당신을 진실로 사랑합니다.

"하나님은 모든 사람이 구원을 받으며
진리를 아는 데 이르기를 원하시느니라."
(디모데전서 2장 4절)

하나님의 말씀을
깊고도 실제적으로 풀어가는

오스왈드 샌더스
시·리·즈·안·내

넉넉히 이기게 하시는 하나님
그리스도인 사역자들이 현대를 살면서 부딪히는 문제에 대해 올바른 영적 원리들을 제시해 준다.
–조천영 옮김 / 국판

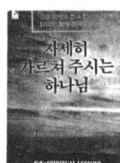

자세히 가르쳐 주시는 하나님
그리스도인들이 강한 압력을 받고 있는 영적 문제들에 대해 성경적해결책을 제시하고 있다.
–최혜숙 옮김 / 국판

당신도 하나님이 쓰신 성경 인물과 같이 될 수 있다
성경 인물 21인의 삶을 통해 하나님이 우리와 성정이 같은 자들을 하나님의 도구로 사용하신 것을 보여주고 있다.
–장호익 옮김 / 신국판

기쁘게 이끌어 주시는 하나님
성숙한 그리스도인의 삶을 추구하는데 방해되는 요소들을 극복하는 방법을 제시해 준다.
–최혜숙 옮김 / 국판

무엇과도 비교할 수 없는 그리스도의 인격을 본삼아 당신의 인격을 계발하라
그리스도의 인격의 모범을 통해 그리스도인의 인격이 그리스도를 닮아야 함을 권면한다.
–채수범 옮김 / 신국판

충분히 훈련케 하시는 하나님
성경 인물 18인의 일대기를 통해 하나님의 훈련이 얼마나 중요한지를 보여주고 있다.
–최혜숙 옮김 / 국판

무엇과도 비교할 수 없는 그리스도의 사역을 본삼아 당신의 사역을 계발하라
그리스도의 사역의 모범을 통해 그리스도인의 사역이 그리스도를 닮아야 함을 권면한다.
–채수범 옮김 / 신국판

철저히 승리케 하시는 하나님
여호수아서 강해를 통해 그리스도인이 매일의 생활에서 승리할 수 있는 비결을 제시하고 있다.
–김옥현 옮김 / 국판

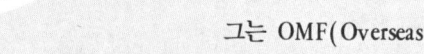

그는 OMF(Overseas Missionary Fellowship)의 고문이며, 특히 뉴기니아 선교 사역으로 유명합니다. 그는 오늘날도 각종 신앙 집회를 인도하기 위하여

오스왈드 샌더스가 누구입니까?

세계 각처를 순회하면서 바쁜 나날을 보내고 있습니다. 그는 기독교 관계의 왕성한 저술 활동으로 대영제국 훈장을 받기도 했습니다.

「복음의 향기」선교회 / 김인자 지음

행복한 가정의 창조자이며 수호자가 되시는
하나님의 지혜가 가득 담긴 책들

부모들이여, 자녀를 잘 양육합시다.
국판/ 160 면

전형적인 '극성 어머니'였던 저자가 예수 그리스도를 영접함으로 말미암아 부모됨의 참된 의미를 깨닫고, 자신의 생생한 체험을 바탕으로 하여 모든 부모들에게 보내는 메시지!

부모의 소유물도 아니고, 부모가 못다 이룬 소망의 대행자가 아닌 진정 하나님께서 나에게 위탁하신 기업으로서의 자녀 교육은 어떻게 해야 하는지 구체적인 삶 가운데서 확인해 보십시오.

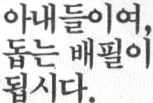

아내들이여, 돕는 배필이 됩시다.
국판/ 144 면

여성 해방론자이던 저자가 예수 그리스도를 영접함으로 말미암아 아내됨의 참된 의미를 깨닫고, 자신의 그 체험을 바탕으로 하여 모든 여성들에게 보내는 메시지!

남편의 위도, 아래도 아닌 그의 옆에 나란히 서서, 함께 기업을 상속받을 자로서 갖추어야 할 자세는 무엇인지 구체적인 삶 가운데서 확인해 보십시오.

저자는 우선 '가정을 회복시키시는 하나님'을 우리에게 상기시키면서, 행복한 가정을 만들어 가기 위해 필요한 자세들을 제시하고 있습니다. 그리고 행복하고 완전한 가정의 모형을 에덴 동산의 아담과 하와에 두고 그 관계가 어떤 과정을 통해 파괴되었으며 어떤 결과를 낳았는지를 성경 중심으로 살펴본 후에, 기대를 걸 수 없는 인간에 대해 섬기는 자세로 일관할 것을 권고하고 있습니다.

부부들이여, 행복한 가정을 만듭시다.
국판/ 128 면

저자는 복의 원천이신 하나님과 지속적으로 교제하며, 그분을 찬양할 때 우리에게 참된 행복이 있음을 일관되게 주장하고 있습니다.

그리고 이런 주제를 근간으로 하여 마태복음 5장과 시편 1편 등 복에 대해 언급하고 있는 성경 말씀들을 자세히 풀이하면서 복있는 여인이 되도록 촉구하고 있습니다.

여성들이여, 행복한 여인이 됩시다.
국판/ 128 면

격려상담

21쇄 발행 2010년 1월 15일

지은이 로렌스 크랩 / 댄 알렌더
엮은이 오현미, 이용복 공역
발행인 김용호
발행처 나침반출판사
등 록 1980년 3월 18일 / 제 2-32호
주 소 110-616 서울 광화문 사서함 1641호
전 화 본사 (02)2279-6321~3 영업부 (031)932-3205
팩 스 본사 (02)2275-6003 영업부 (031)932-3207

www.nabook.net
nabook@korea.com
nabook@nabook.net

ISBN 978-89-318-1199-5 03230
책번호 마-3005

값은 뒷표지에 있습니다.
잘못된 책은 교환해 드립니다.

나침반출판사는 우리를 구원하신 아름다운 주님을
21세기 문명의 이기(利器)를 통하여 널리 전하고 싶습니다.